Scherz Krimi

Spannung mit Niveau

Von Alfred Hitchcock sind lieferbar:

Meine Lieblingsmorde 1
Meine Lieblingsmorde 2
Meine Lieblingsmorde 3
Meine Lieblingsmorde 4
Meine Lieblingsmorde 5
Meine Lieblingsmorde 6
Meine schönen Horrorstunden 1
Meine schönsten Schreckensstunden 1
Meine schönsten Schreckensstunden 2
Meine allerschönsten Schreckensstunden 3
Meine bösesten Gruselstunden 1
Meine schauerlichsten Gruselstunden 2
Meine giftigsten Gruselstunden 3

Alfred Hitchcock

Meine Lieblingsmorde 4

Scherz

Bern – München – Wien

Einzig berechtigte Übertragung aus dem Amerikanischen
Titel des Originals:
»Alfred Hitchcock Presents: Stories to Stay Awake By«
Schutzumschlag von Heinz Looser
Foto: Thomas Cugini

4. Auflage 1984, ISBN 3-502-50445-8

Gesamtherstellung: Ebner Ulm

McGowneys Wunder

Margaret Millar

Ich entdeckte ihn schließlich rein durch Zufall. Er wartete in der Powell Street auf die Kabelbahn, ein würdiger, kleiner Herr um die Sechzig in einem schwarzen Mantel und mit einem weichen grauen Filzhut. Friedlich und etwas abseits der Menge stand er da, die Hände unter der Brust gefaltet wie ein Priester, der einen Haufen Heiden segnet. Ich wußte, daß er kein Priester war.

Nebelschleier hingen über San Francisco, verwischten die Lichter und dämpften das Geratter der Kabelbahn.

Ich ging auf McGowney zu und sagte: »Guten Abend.«

Er schien mich nicht zu erkennen. »Guten Abend, Sir!« sagte er mit einem kleinen Lächeln. »Nett von Ihnen, einen Fremden so freundlich zu begrüßen.«

Einen Augenblick lang glaubte ich, daß ich mich geirrt hätte. Man hört ja immer wieder von täuschend echten Doppelgängern. Hinzu kam, daß ich McGowney seit Anfang Juli nicht mehr gesehen hatte. Aber in einem entscheidenden Punkt konnte McGowney sich nicht verstellen: Seine Stimme hatte immer noch das kehlige Pathos eines Bestattungsunternehmers.

Er tippte an seinen Hut und lief flink die Powell Street hinauf, wobei sein Mantel wie ein lahmer Flügel um seine dürren Beine schlug.

Dann blieb er stehen und drehte sich um, um zu sehen, ob ich ihm folgte. Ich tat es. Er ging weiter und schüttelte den Kopf, als ob er über mein Interesse an ihm wirklich verwirrt wäre.

An der nächsten Ecke blieb er vor einem Kaufhaus stehen und wartete an das Schaufenster gelehnt auf mich.
Als ich näherkam, sah er stirnrunzelnd zu mir auf. »Ich weiß nicht, warum Sie mir folgen, junger Mann, aber ...«
»Warum fragen Sie mich nicht, McGowney?«
Aber er fragte nicht. Er wiederholte nur mit überraschter Stimme seinen Namen, als ob er ihn lange Zeit nicht gehört hätte.
»Ich bin Eric Meecham, Mrs. Keatings Rechtsanwalt. Wir sind uns schon einmal begegnet.«
»Ich bin schon vielen Leuten begegnet. An manche erinnere ich mich, an manche nicht.«
»Sicher erinnern Sie sich an Mrs. Keating. Sie haben im Juli ihre Beerdigung übernommen.«
»Natürlich, natürlich. Eine großartige Frau, eine wirklich großartige Frau. Ihr Heimgang betrübte die Herzen aller, die die Ehre hatten, sie zu kennen, und die Süße ihres Lächelns erlebten ...«
»Hören Sie auf, McGowney. Mrs. Keating war ein alter Drachen mit einem scharfen Mundwerk, ohne Freunde auf der Welt.«
Er wendete sich von mir ab, aber ich sah das Spiegelbild seines Gesichtes im Fenster, es war angespannt und voller Angst.
»Sie sind weit weg von zu Hause, McGowney.«
»Dies ist jetzt mein Zuhause.«
»Sie haben Arbana sehr plötzlich verlassen.«
»Für mich war es nicht plötzlich. Seit zwanzig Jahren wollte ich schon wegziehen, und als die Zeit gekommen war, ging ich weg. Es war zwar damals Sommer, aber ich dachte immer nur an den kommenden Winter und wie alles sterben und verwelken würde. Ich hatte genug vom Tod.«
»Mrs. Keating war Ihre letzte — Kundin?«
»Ja.«
»Ihr Sarg wurde vergangene Woche exhumiert.«
Eine zum Platzen volle Kabelbahn fuhr schwerbeladen den

Hügel hinauf wie ein betrunkenes Schaukelpferd. Plötzlich stürzte McGowney auf die Straße und rannte dem Wagen nach. Trotz seines Alters hätte er es schaffen können, aber der Wagen war so überfüllt, daß er nirgends Halt fand. Er hörte auf zu laufen und blieb bewegungslos mitten auf der Straße stehen und starrte den Schlußlichtern des Wagens nach, die oben am Hügel verschwanden. Ohne auf das Hupen und Schreien der Autofahrer zu achten, ging er langsam zum Bürgersteig zurück, wo ich wartete.

»Sie können nicht wegrennen, McGowney.«

Er sah mich müde an, ohne etwas zu sagen. Dann zog er ein angeschmutztes Taschentuch hervor und wischte sich den Schweiß von der Stirn.

»Die Exhumierung kann für Sie keine Überraschung bringen«, sagte ich. »Sie schrieben den anonymen Brief, in dem Sie es vorschlugen. Er wurde in Berkeley aufgegeben. Deswegen bin ich hier in der Gegend.«

»Ich habe Ihnen keinen Brief geschrieben.«

»Die Information, die er enthielt, konnte nur von Ihnen stammen.«

»Nein. Es wußte noch jemand genausoviel wie ich.«

»Wer?«

»Meine . . . Frau.«

»Ihre Frau.« Diese Antwort hatte ich am allerwenigsten erwartet. Mrs. McGowney und die einzige Tochter waren während der Grippe-Epidemie nach dem Ersten Weltkrieg gestorben. Es war eine typische Geschichte, wie sie in einer Stadt wie Arbana heute noch erzählt wird, obwohl sie schon fünfunddreißig Jahre zurücklag: McGowney, nach seiner Entlassung aus der Armee arbeitslos, hatte kein Geld gehabt, um das doppelte Begräbnis zu bezahlen. Als der Bestattungsunternehmer ihm eine Lehrstelle anbot, um die Schulden abzuarbeiten, nahm McGowney an. Jeder wußte, daß er nach dem Tod seiner Frau keine andere Frau auch nur angesehen hatte, außer natürlich im Dienst.

»Sie haben also wieder geheiratet«, sagte ich.
»Ja.«
»Wann?«
»Vor sechs Monaten.«
»Gleich nachdem Sie Arbana verlassen hatten?«
»Ja.«
»Sie haben nicht viel Zeit verschwendet, um ein neues Leben zu beginnen.«
»Das konnte ich mir nicht leisten. Ich bin nicht mehr jung.«
»Haben Sie eine Ortsansässige geheiratet?«
»Ja.«
Erst später merkte ich, daß er unter »ortsansässig« Arbana verstand, nicht San Francisco, wie ich gemeint hatte.
»Sie glauben, daß Ihre Frau mir den anonymen Brief schrieb?«
»Ja.«
Die Straßenlampen gingen an, und ich merkte, daß es spät war und kalt wurde. McGowney schlug seinen Mantelkragen hoch und zog sich ein Paar schlecht sitzende weiße Baumwollhandschuhe an. Ich hatte ihn schon mit solchen Handschuhen gesehen. Sie gehörten genauso zu seinem Beruf wie seine kehlige Stimme und sein unerschöpflicher Vorrat an sentimentalen Sprüchen.
Er merkte, wie ich auf die Handschuhe starrte, und sagte leicht entschuldigend: »Das Geld ist etwas knapp. Meine Frau strickt mir ein Paar Wollhandschuhe zu meinem Geburtstag.«
»Sie arbeiten nicht?«
»Nein.«
»Es dürfte für einen Mann mit Ihrer Erfahrung doch nicht schwer sein, einen Job auf Ihrem speziellen Gebiet zu finden.« Ich war ziemlich überzeugt, daß er sich nicht einmal um eine Stelle bemüht hatte. In den letzten Tagen hatte ich mich mit beinah jedem Leichenbestatter rund um die Bucht in Verbindung gesetzt. McGowney war bei keinem gewesen.
»Ich will keinen solchen Job mehr«, sagte McGowney.
»Es ist das einzige, was Sie gelernt haben.«

»Ja. Aber ich glaube nicht länger an den Tod.«
Er sprach es so selbstverständlich aus, als ob er gesagt hätte, er spiele nicht mehr Siebzehn-und-Vier oder er esse keine gesalzenen Erdmüsse mehr.
Tod, Siebzehn-und-Vier oder gesalzene Erdnüsse — ich war nicht darauf vorbereitet, mich mit McGowney über diese Dinge zu unterhalten, deshalb sagte ich: »Mein Auto steht in der Garage vom Canterbury Hotel. Wir holen es, und ich fahre Sie nach Hause.«
Wir gingen in Richtung Sutter Street weiter. Der Strom der Passanten war durch das Heer der Büroangestellten noch stärker angeschwollen, aber die vielen Leute, der Krach und das Durcheinander ließen McGowney unberührt. Er lief ruhig neben mir her und lächelte still vor sich hin, wie jemand, der die Fähigkeit entwickelt hat, von Zeit zu Zeit die Welt zu verlassen und auf irgendeiner fernen und glücklichen kleinen Insel zu leben. Ich hätte gern gewußt, wo McGowneys Insel lag und wer dort mit ihm lebte. Nur eines war ganz sicher: Auf McGowneys Insel gab es keinen Tod.
Plötzlich sagte er: »Es muß sehr schwierig gewesen sein.«
»Was?«
»Die Exhumierung. Im Winter friert der Boden drüben im Osten steinhart. Ich vermute, daß Sie nicht dabei waren, Mr. Meecham?«
»Sie vermuten falsch.«
»Mein Gott, das ist doch nichts für einen Amateur!«
Meiner Meinung nach auch nicht für jemand andern. Der Friedhof war weiß gewesen von Schnee, der in der Nacht gefallen war. Die Morgendämmerung hatte gerade angefangen, wenn man das kärgliche Licht eine Morgendämmerung nennen konnte. Auf dem einfachen Grabstein aus Granit hatte gestanden: *Eleanor Regina Keating, 3. Oktober 1899—30. Juni 1953. Eine gute Seele ist heimgegangen, eine geliebte Stimme ist verstummt.*
Die gute Seele war gegangen, das schon. Als der Sarg zwei

Stunden später gehoben und geöffnet worden war, war der Geruch, der uns entgegenschlug, nicht der des Todes, sondern der von feuchten, vermodernden Zeitungen und von Steinen, die mit graugrünem Schimmel überzogen waren.

»Sie wissen, was wir fanden, nicht wahr, McGowney?«

»Natürlich.Ich habe doch die Beerdigung geleitet.«

»Sie nehmen also die alleinige Verantwortung auf sich, einen leeren Sarg beerdigt zu haben?«

»Nicht die alleinige Verantwortung, nein.«

»Wer war Ihr Komplice? Und warum?«

Er schüttelte nur den Kopf.

Als wir an einer Ampel warten mußten, studierte ich McGowneys Gesicht und versuchte, den Grad seiner Zurechnungsfähigkeit abzuschätzen. Es lag keine Logik in seinem Verhalten. Mrs. Keating war durchaus normal an einem Herzanfall gestorben und entsprechend ihren Anweisungen in einem verschlossenen Sarg beerdigt worden. Gegen den Arzt, der den Totenschein unterschrieben hatte, konnte man nichts sagen. Er war damals zufällig in Mrs. Keatings Haus gewesen, weil ihre ältere Tochter Mary erkältet war. Er hatte Mrs. Keating untersucht, sie für tot erklärt und nach McGowney geschickt. Zwei Tage später hatte ich Mary, die immer noch schniefte – ob vor Kummer oder wegen der Erkältung, weiß ich nicht –, zur Beerdigung begleitet. McGowney verhielt sich korrekt wie immer.

Nur unterließ er es, Mrs. Keatings Leiche in den Sarg zu legen.

Die Zeit verging. Niemand hatte um Mrs. Keating sonderlich getrauert. Sie war eine unglückliche Frau gewesen, geistig und moralisch ihrem Mann überlegen, der bei einer Sauftour in New Orleans umgekommen war, und ihren beiden Töchtern, die ihrem Vater ähnelten. Drei Jahre war ich Mrs. Keatings Anwalt gewesen. Ich hatte mich gern mit ihr unterhalten. Sie hatte eine rasche Auffassungsgabe und einen ausgesprochenen Sinn für Humor gehabt. Aber wie viele reiche Leute, die den

Segen der Arbeit und die Befriedigung, die sie verschafft, nicht kennen, war sie eine gelangweilte und einsame Frau gewesen, die ihre Verzweiflung pflegte wie einen verhätschelten Wellensittich und sie von Zeit zu Zeit mit einem Brocken ihrer bitteren Erinnerungen fütterte.
Gleich nach Mrs. Keatings Tod hatte McGowney sein Unternehmen verkauft und die Stadt verlassen. Niemand in Arbana hatte diese beiden Begebenheiten miteinander in Verbindung gebracht, bis der anonyme Brief aus Berkeley eintraf, kurz bevor Mrs. Keatings Testament rechtsgültig wurde. In dem an mich adressierten Brief wurde ihre Exhumierung und die Ungültigkeitserklärung des Testaments verlangt, da es keinen Beweis für Mrs. Keatings Tod gäbe. Ich konnte mir keinen Grund vorstellen, warum McGowneys neue Frau diesen Brief geschrieben hatte, es sei denn, daß sie ihren Mann satt hatte und eine umständliche Methode gewählt hatte, um ihn loszuwerden.

Die Ampel schaltete auf Grün, und McGowney und ich überquerten die Straße und warteten unter der Hotelmarkise auf mein Auto, nach dem der Pförtner geschickt hatte. Ich sah McGowney nicht an, aber ich fühlte, daß er mich beobachtete.
»Sie glauben, daß ich verrückt bin, Meecham?«
Auf die Beantwortung dieser Frage war ich nicht vorbereitet. Ich bemühte mich, so gleichgültig wie möglich auszusehen.
»Ich behaupte auch nicht, völlig normal zu sein, Meecham. Sie etwa?«
»Ich bemühe mich.«
McGowney legte mir seine Hand in ihrem schlecht sitzenden weißen Handschuh auf den Arm. Ich zwang mich, sie nicht abzuschütteln. Sie sah aus wie eine lahme Taube. »Aber angenommen, Sie machen eine sehr seltsame Erfahrung.«
»Wie Sie?«
»Wie ich. Es war ein Schock, ein großer Schock, obwohl ich immer das Gefühl hatte, daß es eines Tages geschehen würde.

Bei jedem neuen Sterbefall war ich darauf gefaßt. Ich dachte immer daran. Man könnte sogar sagen, ich *wollte* es.«

Der Schweiß sickerte mir in zwei Rinnsalen hinter den Ohren in den Kragen. »Was wollten Sie, McGowney?«

»Ich wollte, daß sie wieder aufwachte.«

Ich sah, daß der Pförtner mir ein Zeichen machte. Mein Auto stand mit laufendem Motor am Straßenrand.

Ich setzte mich hinter das Steuer, und McGowney stieg widerstrebend ein, als bereue er schon, was er gesagt hatte.

»Sie glauben mir nicht«, meinte er, als wir losfuhren.

»Ich bin Anwalt. Bei mir zählen nur Tatsachen.«

»Eine Tatsache ist ja etwas, das geschieht, nicht wahr?«

»Sehr richtig.«

»Nun, es ist geschehen.«

»Sie erwachte wieder zum Leben?«

»Ja.«

»Nur durch die Macht Ihres Willens?«

Er rutschte auf dem Sitz neben mir unruhig hin und her. »Ich gab ihr Sauerstoff und Adrenalin.«

»Haben Sie das mit anderen Kunden auch gemacht?«

»Oft, ja.«

»Ist dieses Vorgehen üblich?«

»Für mich war es üblich«, antwortete McGowney ernst. »Ich wollte immer Arzt werden. Im Krieg war ich beim Sanitätstrupp, da habe ich ein bißchen Wissen aufgeschnappt.«

»Genug, um Wunder zu vollbringen?«

»Es war nicht mein Können, das sie ins Leben zurückholte. Es war mein Wille. Sie hatte ihren Lebenswillen verloren, aber ich hatte genug für uns beide.«

Wenn es wahr ist, daß zwischen Vernunft und Wahnsinn nur eine dünne Grenzlinie verläuft, dann kreuzte McGowney diese Linie innerhalb einer Stunde viele Male. Er sprang über sie hin und her wie ein Kind, das über sein Seil hüpft.

»Verstehen Sie jetzt, Meecham? Sie hatte den Wunsch zu leben verloren. Ich sah, wie es geschah. Wir unterhielten uns nie — vermutlich kannte sie nicht einmal meinen Namen —, aber ich habe sie jahrelang beobachtet, wenn sie bei ihrem Morgenspaziergang an meinem Büro vorbeikam. Ich beobachtete, wie sie sich veränderte, wie ihre Augen trübe wurden und ihr Gang immer müder. Ich wußte, daß sie bald sterben würde. Eines Tages trat ich hinaus, um es ihr zu sagen, um sie zu warnen. Aber als sie mich sah, begann sie zu laufen. Ich glaube, sie ahnte, was ich ihr sagen wollte.«

Er erzählte die Wahrheit, so wie er sie verstand. Mrs. Keating hatte den Vorfall im letzten Frühling erwähnt. Ich rief mir ihre Worte ins Gedächtnis zurück: »Heute morgen habe ich etwas Merkwürdiges erlebt, Meecham. Als ich beim Beerdigungsinstitut vorbeiging, stürzte dieser komische kleine Mann heraus und erschreckte mich fast zu Tode ...«

In Anbetracht dessen, was anschließend geschah, war das eine ungeheure Ironie. Während unserer Fahrt zur Bay Bridge und nach Berkeley erzählte McGowney mir seine Geschichte.

Es geschah an einem Mittag in den letzten Junitagen. In dem kleinen Hinterzimmer, das McGowney als Labor benutzte, war es nach dem Regen am Morgen heiß und feucht.

Mrs. Keating erwachte wie nach einem langen und unruhigen Schlaf. Ihre Hände zuckten, ihr Mund verzog sich vor Erschöpfung, der Puls begann in ihren Schläfen zu schlagen. Tränen quollen unter ihren geschlossenen Lidern hervor und glitten an ihren Ohrläppchen vorbei in ihre Haare.

McGowney beugte sich zitternd vor Aufregung über sie.

»Mrs. Keating! Mrs. Keating! Sie leben!«

»Oh — Gott!«

»Es ist ein Wunder geschehen!«

»Lassen Sie mich in Ruhe. Ich bin müde.«

»Sie leben, Sie *leben!*«

Langsam öffnete sie die Augen und sah zu ihm auf. »Sie aufdringlicher Zwerg, was haben Sie angestellt?«

Erschüttert und wie betäubt trat McGowney einen Schritt zu-

rück. »Aber – aber Sie leben. Es ist geschehen. Mein Wunder ist geschehen.«
»Leben. Wunder.« Sie sprach die Worte nach, als ob sie giftig wären. »Sie aufdringlicher Idiot.«
»Aber ich ...«
»Bringen Sie mir ein Glas Wasser. Meine Kehle ist wie ausgedörrt.«
Er zitterte so heftig, daß er beinahe das ganze Wasser verschüttet hätte. Dies war sein Wunder. Sein ganzes Leben lang hatte er gehofft und gewartet, und jetzt war es passiert.
Er reichte ihr den Becher mit Wasser, setzte sich heftig atmend auf einen Stuhl und beobachtete sie. Sie trank sehr langsam, als ob ihre Muskeln während der kurzen Unterbrechung ihres Lebens bereits begonnen hätten, ihre Funktion zu vergessen.
»Warum haben Sie das gemacht?« Mrs. Keating zerknüllte den Papierbecher in ihrer Faust. »Wer hat Sie überhaupt um ein Wunder gebeten?«
»Aber ich ... Nun, Tatsache ist ...«
»Tatsache ist, daß Sie sich in Sachen mischen, die Sie verdammt nichts angehen. Das ist die Tatsache, McGowney.«
»Jawohl, Ma'am.«
»Und was wollen Sie jetzt machen?«
»Nun ... ich ... darüber habe ich eigentlich noch nicht nachgedacht.«
»Dann sollten Sie sofort damit anfangen.«
Er starrte auf den Fußboden, sein Kopf war heiß vor Elend, seine Glieder kalt vor Enttäuschung. »Am besten rufe ich erst mal den Arzt.«
»Das werden Sie nicht tun, McGowney.«
»Aber Ihre Familie ... sie werden wissen wollen, daß ...«
»Sie werden es nicht erfahren.«
»Aber ...«
»Niemand wird es erfahren, McGowney. Überhaupt niemand. Ist das klar?«
»Ja.«

»Dann setzen Sie sich jetzt hin und seien Sie still. Lassen Sie mich nachdenken.«
Er setzte sich schweigend. Er verspürte kein Verlangen, sich zu bewegen oder zu sprechen. Nie war er sich so nutzlos vorgekommen und hatte sich so niedergeschlagen gefühlt.
»Vermutlich«, sagte Mrs. Keating grimmig, »erwarten Sie, daß ich Ihnen dankbar bin.«
McGowney schüttelte den Kopf.
»Wenn Sie das tun, müssen Sie verrückt sein.« Sie machte eine Pause und sah ihn nachdenklich an. »Sie *sind* ein bißchen verrückt, nicht wahr, McGowney?«
»Es gibt Leute, die das glauben«, sagte er nicht ganz unrichtig.
»Ich stimme ihnen nicht zu.«
»Das würden Sie nie.«
»Ich kann es mir nicht leisten, Ma'am.«
Die Fenster waren geschlossen, und kein Straßenlärm drang durch das dicke Milchglas, aber plötzlich erklangen Schritte auf dem Steinfußboden im Gang.
McGowney stürzte durch das Zimmer, schloß ab und lehnte sich gegen die Tür.
»Mr. McGowney? Sind Sie da?«
McGowney sah Mrs. Keating an.
Sie war kreidebleich geworden und umklammerte mit einer Hand ihre Kehle.
»Mr. McGowney?«
»Ja, Jim.«
»Sie werden am Telefon verlangt.«
»Ich . . . ich kann jetzt nicht kommen, Jim.«
»Man möchte Sie persönlich sprechen. Es ist Mrs. Keatings Tochter, wegen der Beerdigung.«
»Sag ihr, daß ich später zurückrufe.«
»Okay.« Es entstand eine kleine Pause. »Alles in Ordnung, Mr. McGowney?«
»Ja.«
»Ihre Stimme klingt so komisch.«

»Es geht mir gut, Jim.«
»Okay. Es war nur eine Frage.«
Die Schritte entfernten sich.
»Mary vergeudet keine Zeit«, sagte Mrs. Keating mit trockenen, steifen Lippen. »Sie will mich sicher unter der Erde haben, damit sie ihren Elektriker heiraten kann. Nun, Ihre Aufgabe ist Ihnen doch klar, McGowney?«
»Wieso?«
»Begraben Sie mich.«
McGowney stand an die Tür gelehnt wie ein Zinnsoldat. »Ich soll Sie b-b-begraben?«
»Mich oder einen passenden Ersatz.«
»Das könnte ich niemals tun, Mrs. Keating, das wäre nicht anständig.«
»Es ist genauso anständig, wie ungebeten ein Wunder zu vollbringen.«
»Sie kennen die Schwierigkeiten nicht.«
»Welche?«
»Da ist einmal Ihre Familie. Und da sind Ihre Freunde, die Sie im Sarg liegen sehen wollen. Ich meine, es ist Sitte, die Leiche auszustellen.«
»Das erledige ich.«
»Wie?«
»Geben Sie mir etwas zum Schreiben, und ein Stück Papier.«
McGowney widersprach nicht, weil er wußte, daß er im Unrecht war. Es war sein Wunder. Er mußte die Konsequenzen auf sich nehmen.
Mrs. Keating datierte den Brief drei Wochen zurück und schrieb:

Wegen meinem Begräbnis erteilte ich Mr. McGowney folgende Anweisungen: Da ich zu meinen Lebzeiten Zurückgezogenheit und Einsamkeit immer geschätzt habe, wünsche ich auch nach meinem Tod keine Belästigungen. Ich weise Mr. McGowney an, meinen Sarg sofort zu schließen und darauf zu achten, daß er geschlossen bleibt, ungeachtet etwaiger rührseliger Bitten meiner Hinterbliebenen.

Eleanor Regina Keating

Sie faltete den Bogen zweimal und gab ihn McGowney. »Zeigen Sie das Mary und Joan und Mr. Meecham, meinem Rechtsanwalt.« Sie machte eine Pause und wirkte sehr zufrieden mit sich. »Eine aufregende Sache, was, McGowney?«

»Ziemlich«, sagte McGowney matt.

»Das hat mir doch jetzt tatsächlich Appetit gemacht. Ich nehme nicht an, daß zu diesem Raum eine Küche gehört?«

»Nein.«

»Dann müssen Sie mir eben etwas vom Laden an der Ecke holen. Zwei Thunfischsalat-Sandwiches und viel Kaffee. Das Essen«, fügte sie mit einem kleinen boshaften Lächeln hinzu, »geht auf Ihre Kosten. Ich habe meine Handtasche vergessen.«

»Geld«, sagte McGowney. *»Geld.«*

»Was ist damit?«

»Was geschieht mit Ihrem Geld?«

»Ich habe vor einiger Zeit ein Testament gemacht.«

»Aber *Sie*, wovon wollen Sie leben?«

»Vielleicht«, sagte Mrs. Keating trocken, »sollten Sie noch ein Wunder vollbringen.«

Als er mit ihrem Mittagessen aus dem Laden zurückkam, aß und trank Mrs. Keating mit offensichtlichem Vergnügen. Sie bot McGowney von dem zweiten Sandwich an, aber er war zu deprimiert, um essen zu können. Sein Wunder, das wie eine große goldene Seifenblase ausgesehen hatte, war zerplatzt. Statt dessen hatte er das Gefühl, daß sein Bein an eine eiserne Kugel gekettet war.

Irgendwie brachte er den Tag hinter sich. Er ließ Mrs. Keating mit einigen alten Zeitschriften und einer Tüte Äpfel im Labor allein. Er sprach mit Mary und Joan Keating und telefonierte mit Meecham. Er gab seinem Gehilfen, Jim Wagner, den Nachmittag frei, und als Jim gegangen war, füllte er Mrs.

Keatings Sarg – das Luxusmodell aus Bronze mit weißem Satin, das Mary aus dem Katalog ausgesucht hatte – mit in Zeitungspapier gewickelten Steinen, bis er genau das richtige Gewicht hatte.
McGowney war ein kleiner Mann, der körperliche Anstrengung nicht gewohnt war. Als er fertig war, zitterte er am ganzen Körper vor Erschöpfung.
Da rief Mary Keating an und sagte, sie und Joan hätten die Sache noch einmal überdacht, und da Mrs. Keating eher sparsam gewesen wäre, würde sie in so einem Prunksarg sicherlich niemals Ruhe finden. Der schlichte graue wäre passender, und auch billiger.
»Das hätten Sie mir früher mitteilen sollen«, sagte McGowney kalt.
»Wir haben das im Moment erst beschlossen.«
»Jetzt ist es zu spät, um ihn umzutauschen.«
»Ich wüßte nicht, warum.«
»Es gibt da . . . gewisse technische Schwierigkeiten.«
»Nun, Mr. McGowney, wenn Sie sich diese geringen Umstände nicht machen wollen, dann sollten wir den Auftrag vielleicht anderweitig vergeben.«
»Nein! Das können Sie nicht tun – ich meine, das wäre nicht anständig, Miss Keating.«
»Wir leben in einem freien Land.«
»Warten Sie. Angenommen, ich mache Ihnen einen speziellen Preis für den in Weiß und Bronze?«
»Wie speziell?«
»Sagen wir, fünfundzwanzig Prozent Nachlaß?«
Am anderen Ende der Leitung fand eine geflüsterte Beratung statt, und dann sagte Mary: »Das ist immer noch eine Menge Geld.«
»Fündunddreißig?«
»Ja, das kommt der Sache schon *näher*«, erklärte Mary und hängte ein.
Die Tür zu McGowneys Büro ging auf, und Mrs. Keating

kam mit einem kleinen grimmigen Lächeln ins Zimmer.
McGowney sah sie hilflos an. »Sie sollten nicht hier draußen herumlaufen! Gehen Sie lieber zurück und ...«
»Ich hörte das Telefon läuten, und da dachte ich, daß es Mary sein könnte.«
»Sie war es nicht.«
»Doch, sie war es, McGowney. Ich habe jedes Wort gehört.«
»Gut.« McGowney räusperte sich. »Gut. Sie hätten nicht horchen sollen.«
»Oh, ich bin nicht überrascht. Oder verletzt. Ich brauche Ihnen nicht leid zu tun. Ich habe mich seit Jahren nicht so wohl gefühlt. Wissen Sie warum?«
»Nein.«
»Weil ich nicht nach Hause gehen muß. Ich bin frei. Frei wie ein Vogel.« Sie zupfte ihn am Ärmel. »Ich muß doch nicht nach Hause gehen, nicht wahr?«
»Ich glaube nicht.«
»Sie werden es niemand erzählen?«
»Nein.«
»Sie sind ein guter Mensch, McGowney.«
»Ich habe nie angenommen, daß ich das nicht wäre«, sagte McGowney schlicht.
Als es dunkelte, holte McGowney sein Auto aus der Garage und fuhr es zur Leichenwageneinfahrt hinter seinem Büro.
»Verstecken Sie sich lieber auf dem Rücksitz«, sagte er, »bis wir aus der Stadt sind.«
»Wo fahren wir hin?«
»Ich dachte, daß ich Sie nach Detroit bringe. Von da aus können Sie dann den Bus oder den Zug nehmen.«
»Wohin?«
»Wohin Sie wollen. Sie sind so frei wie ein Vogel.«
Sie kroch auf den Rücksitz und fröstelte, obwohl die Nacht mild war. McGowney deckte sie mit einer Decke zu.
»McGowney.«
»Ja?«

»Ich fühlte mich freier, als ich in Ihrem kleinen Laboratorium eingeschlossen war.«
»Sie haben jetzt nur ein bißchen Angst, das ist alles. Die Freiheit ist eine große Sache.«
Er lenkte das Auto in Richtung Autobahn. Eine halbe Stunde später, als die Lichter der Stadt verschwunden waren, hielt er an, und Mrs. Keating setzte sich auf den Beifahrersitz. Die Decke hatte sie sich wie eine Indianerin um die Schultern gewickelt. McGowney fühlte sich verpflichtet, sie aufzuheitern, da er ja in erster Linie dafür verantwortlich war, daß sie hier neben ihm saß.
»Es gibt«, begann er mit fester Stimme, »herrliche Flecken auf der Welt, die man gesehen haben muß.«
»Tatsächlich?«
»Ich würde mir Kalifornien aussuchen. Das ganze Jahr blühen dort die Blumen.« Er zögerte. »Ich habe ein bißchen was gespart. Ich habe schon immer daran gedacht, eines Tages das Geschäft zu verkaufen und mich in Kalifornien zur Ruhe zu setzen.«
»Was hindert Sie daran?«
»Ich kann den Gedanken nicht ertragen, daß ich, nun, daß ich da ganz allein bin, ohne Freunde oder eine Familie oder so. Sind Sie mal in Kalifornien gewesen?«
»Ich habe mehrere Sommer in San Francisco verbracht.«
»Gefiel es Ihnen?«
»Sehr.«
»Mir würde es auch gefallen, ganz bestimmt.« Er räusperte sich. »Aber allein sein mag ich nicht. Ist Ihnen warm genug?«
»Ja, danke.«
»Vögel ... die Vögel haben es eigentlich gar nicht so schön, soweit ich das beurteilen kann.«
»Nein?«
»Die viele Freiheit, und dann wissen sie nicht, was sie mit ihr anfangen sollen außer herumzufliegen. So ein Leben paßt nicht für eine reife Frau wie Sie, Mrs. Keating.«

»Vielleicht nicht.«
»Ich meine ...«
»Ich weiß, was Sie meinen, McGowney.«
»Wirklich?«
»Natürlich.«
McGowney errötete. »Es ist ... nun, es kommt sehr plötzlich, nicht wahr?«
»Finde ich nicht.«
»Aber bis vor einer halben Stunde habe ich nicht einmal daran gedacht.«
»Aber ich. Frauen denken in diesen Dingen weitsichtiger.«
McGowney schwieg einen Augenblick. »Das war kein sehr romantischer Heiratsantrag. Ich sollte eigentlich ein bißchen was Gefühlvolles sagen.«
»Nur zu.«
Er umklammerte das Steuerrad. »Ich glaube, ich liebe Sie.«
»Das hätten Sie nicht sagen müssen«, erwiderte sie scharf. »Ich bin kein dummes Gänschen, das sich von Worten einfangen läßt. In meinem Alter erwartet man keine Liebe. Ich will nicht ...«
»Aber ich liebe Sie«, erklärte McGowney.
»Das glaube ich nicht.«
»Sie werden es noch sehen.«
»Ist das wieder eins von Ihren Wundern, McGowney?«
»Das größte.«
Zum erstenmal in Mrs. Keatings Leben hatte jemand ihr gesagt, daß er sie liebe. In ehrfürchtigem Schweigen saß sie neben McGowney, die Hände im Schoß gefaltet wie ein kleines Mädchen im Kindergottesdienst.
McGowney brachte sie in Detroit in ein Hotel und fuhr nach Hause, um ihre Beerdigung abzuhalten.
Zwei Wochen später wurden sie in einer kleinen Stadt bei Chicago von einem Friedensrichter getraut. Während der langen, gemächlichen Reise in McGowneys Auto Richtung Westen sprach keiner von ihnen viel von der Vergangenheit oder

machte sich Sorgen um die Zukunft. McGowney hatte sein Unternehmen verkauft, aber er hatte es zu eilig gehabt, um auf einen günstigen Preis warten zu können. Deshalb waren seine Mittel begrenzt. Aber er erwähnte das seiner Frau gegenüber nie. Als sie San Francisco erreichten, hatten sie McGowneys Kapital schon ziemlich aufgebraucht. Einen großen Teil des Restes verschlang der Kauf des Häuschens in Berkeley.

Im Spätherbst waren sie fast pleite, und McGowney nahm einen Job als Schuhverkäufer in einem Kaufhaus an. Eine Woche später erhielt er zusammen mit seinem ersten Lohn seine Kündigung.

Er erzählte es Eleanor beim Abendessen und tat, als ob das Ganze ein Witz sei, und erfand noch einige Anekdoten dazu, um sie zum Lachen zu bringen.

Sie hörte ernst und nachdenklich zu. »Das hast du also die ganze Woche getan — Schuhe verkauft.«

»Ja.«

»Du hast mir gar nicht gesagt, daß wir so dringend Geld brauchen.«

»Wir werden schon durchkommen. Ich kann leicht einen anderen Job bekommen.«

»Als was?«

»Als das, was ich immer war.«

Sie langte über den Tisch und nahm seine Hand. »Du willst doch nicht wieder Leichenbestatter sein.«

»Es macht mir nichts aus.«

»Du hast es immer gehaßt.«

»Es macht mir nichts aus, sage ich dir.«

Sie stand entschlossen auf.

»Eleanor, was hast du vor?«

»Ich werde einen Brief schreiben«, sagte sie seufzend.

»Eleanor, keine übereilten Maßnahmen.«

»Wir waren sehr glücklich. Es konnte nicht immer so bleiben. Sei nicht unbescheiden.«

Langsam begriff er die Bedeutung ihrer Worte. »Du willst jemand mitteilen, daß du lebst?«
»Nein. Das könnte ich nicht ertragen, jetzt noch nicht. Ich will ihnen nur klarmachen, daß ich nicht tot bin, daß sie mein Vermögen nicht aufteilen können.«
»Aber warum?«
»Als mein Ehemann hast du Anspruch auf deinen Anteil, wenn mir etwas zustößt.«
»Dir wird nie etwas zustoßen. Darüber sind wir uns doch einig, oder?«
»Ja, McGowney, darüber sind wir uns einig.«
»Wir glauben nicht mehr an den Tod.«
»Ich werde den Brief an Meecham adressieren«, sagte sie.

»Deshalb schrieb sie den Brief.« McGowneys Stimme klang müde. »Um meinetwillen. Den Rest kennen Sie, Meecham.«
»Nicht ganz«, sagte ich.
»Was wollen Sie noch wissen?«
»Das Ende.«
»Das Ende.« McGowney rutschte auf dem Sitz neben mir hin und her und seufzte. »Ich glaube nicht an das Ende.«
Bei der nächsten Ampel bog ich rechts ab, wie McGowney gesagt hatte. Auf einem Straßenschild am Laternenpfahl stand Linden Avenue.
Drei Straßen weiter südlich stand ein kleines, grün und weiß gestrichenes Haus. In den Dachrinnen tropfte es von dem feuchten Nebel.
Ich parkte das Auto davor und stieg aus. Der Gedanke, Mrs. Keating gleich wiederzusehen, erfüllte mich mit großer Vorfreude. McGowney saß bewegungslos da und starrte geradeaus, bis ich den Wagenschlag öffnete.
»Kommen Sie, McGowney.«
»Wie? Ach so. Ja. Gut.«
Er trat so ungeschickt auf den Bürgersteig, daß er fast hinfiel. Ich nahm ihn am Arm. »Ist etwas?«

»Nein.«
Wir stiegen die Stufen zum Eingang hinauf.
»Es brennt kein Licht«, sagte McGowney. »Eleanor ist sicher beim Einkaufen. Oder bei den Nachbarn. Wir haben sehr nette Nachbarn.«
Die Haustür war nicht verschlossen. Wir traten ein, und McGowney machte im Flur und im Wohnzimmer auf der rechten Seite des Ganges Licht.
Die Frau, die ich als Mrs. Keating gekannt hatte, saß in einem Schaukelstuhl vor dem Kamin. Ihr Kopf war nach vorn geneigt, als ob sie tief in Gedanken versunken wäre. Ihr Strickzeug war auf den Boden gefallen. Ich sah, daß es ein halbfertiger Handschuh in leuchtenden Farben war. McGowneys Geburtstagsgeschenk.
Schweigend bückte sich McGowney, hob den Handschuh auf und legte ihn auf den Tisch. Dann berührte er seine Frau sanft an der Stirn. Seine Hand zuckte zurück, und ich erkannte, daß ihre Haut so kalt sein mußte wie die Asche im Kamin.
»Ich hole einen Arzt«, sagte ich.
»Nein.«
»Ist sie tot?«
Er machte sich nicht die Mühe zu antworten. Bittend sah er auf seine Frau hinunter. »Eleanor, Liebling, wach auf! Wir haben Besuch.«
»McGowney, um Gottes willen . . .«
»Ich glaube, es ist besser, wenn Sie jetzt gehen, Mr. Meecham«, sagte er mit fester, klarer Stimme. »Ich habe zu tun.«
Er zog seinen Mantel aus und rollte die Ärmel hoch.

Mord ist keine Lösung

Francis Beeding

Mr. Guy Partridge legte die Frühausgabe der *Evening News* mit jener mechanischen Genauigkeit zusammen, die seiner Gewohnheit entsprach, und stand etwas schwankend auf, als der Zug (ab Waterloo-Station 12.35 Uhr – an Leatherhead 1.15 Uhr) langsam in den Bahnhof einfuhr. Als der Zug hielt, nahm er seinen Hut vom leeren Sitz, um das Abteil erster Klasse zu verlassen.

Am Fenster erschien ein lachendes Gesicht. Derek erwartete ihn auf dem Bahnsteig, und dicht hinter ihm stand Molly. Er freute sich, seinen ältesten Sohn zu sehen, einen breitschultrigen Jungen, der schon fast einen Kopf größer war als sein Vater. Und dann Molly, schlank wie eine Nymphe mit ihren fünfzehn Jahren, wie eine dieser ranken Göttinnen, die die Wälder der alten Griechen bevölkerten. Natürlich hatten sie das gute Aussehen von ihrer Mutter – und den Verstand eigentlich auch. Was Gertrude in ihm gesehen hatte, als sie ihn heiratete, konnte er sich nie erklären. Seine Verwandten waren in dieser Frage immer ganz offen gewesen. Sie hätte ihn des Geldes wegen geheiratet, sagten sie.

Vielleicht nicht nur des Geldes wegen, denn Gertrude war nicht habgierig. Vielleicht hatte sie ihn doch aus Liebe geheiratet. Die Liebe war eine geheimnisvolle und unberechenbare Sache. Die komischsten Leute wurden aus Liebe geheiratet. Jedenfalls mochte Gertrude ihn sehr gern. Und die Kinder auch. Nun, er hatte immer alles für sie getan und nie an etwas anderes gedacht. Und was Gertrude betraf, so hatte er nie in seinem

Leben eine andere Frau angeschaut, und soweit er sich erinnerte, hatte auch keine andere Frau ihn angeschaut.
Irgend etwas beunruhigte ihn noch. Was war es nur? Ach ja, Gertrude sollte ihn des Geldes wegen geheiratet haben. Warum hatte er nur plötzlich dieses beunruhigende Gefühl? Jetzt war Wochenende, und es gab bestimmte Dinge, an die er am Wochenende grundsätzlich nicht dachte. An die rumänischen Ölaktien zum Beispiel. Die Firma hatte sie für 81 gekauft; gestern standen sie bei 73, und heute morgen wurden sie zu $69^{3}/_{8}$ angeboten. Aber das war geschäftlich, und hier drückte Derek sein Gesicht an die Scheibe und lachte.
»Hallo, Bones! Freust du dich, daß wir dich abholen?«
Das war Derek. Die Kinder nannten ihren Vater immer »Bones«. Vielleicht nicht sehr respektvoll, aber zu Haus nannten ihn alle »Bones« oder »Old Boy«.
»Einundachtzig«, sagte Mr. Partridge, als er aus dem Zug stieg, ohne zu merken, daß er laut sprach.
»Armer alter Bones.« Das war jetzt Molly. »Immer noch im Geschäft. Wach auf! Wir spielen nach dem Essen einen Familienvierer.«
Die Kinder nahmen ihn in die Mitte und marschierten mit ihm rasch zum Bahnhofsausgang. Der Bahnsteigschaffner nickte ihnen freundlich zu. Das war Mr. Partridge von Cedars mit einer Monatskarte erster Klasse, der ihm zu Weihnachten immer ein hübsches Trinkgeld gab.
»Wir wollten dich mit dem Auto abholen, Bones«, sagte Molly. »Auf dem Herweg hat Derek fünfundsechzig Meilen herausgeholt. Wirklich, eine tolle Kiste.«
Partridge bemühte sich, heiter zu bleiben. »Du junger Halunke«, sagte er zu seinem Sohn, der in einen lächerlich kleinen dreisitzigen Wagen ohne Kotflügel und mit einer schmalen Windschutzscheibe kletterte; es war ein Bugatti 1927, Sportausführung. »Eines Tages wirst du dich im Kittchen wiederfinden. Aber dann erwarte nicht, daß ich dich heraushole.«
»Kittchen!« Warum hatte er das gesagt? Wieder hatte er das

Gefühl, daß etwas in der Luft lag. Aber das war lächerlich. Die Lage war schwierig, aber darum würde sich Bentham kümmern. Es wäre traurig, wenn man seinem eigenen Partner nicht trauen könnte.

Der Fahrtwind im Wagen munterte ihn auf. Bis Montag war er auf jeden Fall befreit von seinen beruflichen Sorgen. Und hier hatte er seine Familie, die sich freute, daß er da war. Eigens für ihn hatten sie einen Familienvierer geplant, weil sie wußten, daß er gern Golf spielte.

»Weißt du, Bones«, sagte eine sanfte Stimme direkt in sein Ohr, um das Dröhnen des Motors zu übertönen. »Du sollst mit mir spielen. Sie geben uns nur eine kleine Vorgabe, deshalb mußt du wie der Teufel spielen.«

Er drehte den Kopf ein wenig zur Seite und fühlte sofort, wie sich zwei Lippen warm auf seine Wange preßten.

Mein Gott, wie er sie alle liebte. Derek, Molly, Joan und als letzten von ihnen Dick, das Baby, ihren Benjamin, der erst viel später als die anderen zur Welt gekommen war.

Der Wagen bog so scharf nach links ab, daß er sich an der Tür festklammerte. Sie erreichten die Auffahrt. Und dort stand Gertrude, seine Frau, schlank und zart. Achtzehn Jahre Ehe, und nie ein Streit – achtzehn Jahre Liebe, Hingabe und Glück. Die Zeit konnte ihr offenbar nichts anhaben. Sie wirkte eher wie seine Tochter, nicht wie seine Frau, mit ihrem Bubikopf und dem kurzen Rock.

»Da bist du ja, alter Knabe«, sagte sie, als der Wagen mit einem Ruck hielt und er hinauskletterte. »Beeil dich, und zieh diesen schrecklichen Anzug aus! In zehn Minuten ist das Essen fertig, und pünktlich um zwei müssen wir mit dem Spiel anfangen, sonst verlieren wir unsere Plätze.«

Natürlich, es war alles in Ordnung, völlig in Ordnung. Es gab nichts, worüber er sich Sorgen machen mußte. Rumänische Ölaktien waren so sicher wie Grundstücke, obwohl man natürlich nie wußte, ob sich in solchen südlichen Ländern nicht plötzlich die Politik in die Geschäfte mischte.

Dann waren sie beim sechzehnten Loch angekommen. Sie standen alle gleich, und Derek hatte gerade mit einem einzigen Schlag den Ball 280 Yard weit geschlagen, als ob es nichts wäre. Derek war ein prächtiger Junge, kaum siebzehn und schon in der Rugbymannschaft. Er hatte Kräfte wie ein junger Löwe.
Aber das half nichts. Er mußte sich konzentrieren. Sorgfältig zielte er auf den Ball.
»Mein Gott, Bones, das war ein verdammt guter Schlag!«
Partridge errötete vor Stolz. Er freute sich über das Lob und kam gar nicht auf den Gedanken, gekränkt zu sein, weil es von einem Siebzehnjährigen stammte. Das war ganz natürlich. Derek spielte viel besser als er, und so sollte es auch sein.
»Bei weitem nicht so gut wie deiner, Derek«, sagte er und beobachtete den Ball, der 150 Yard vor ihnen über das Feld hüpfte. »Aber für einen alten Mann gar nicht schlecht.«
»So was sollst du nicht sagen«, widersprach seine Frau, als sie gemeinsam weitergingen. »Das ist mir gegenüber nicht nett. Ich bin fast so alt wie du, und heute fühle ich mich wie sechzehn.«
»So siehst du auch aus, meine Liebe«, erklärte Partridge.
Eine halbe Stunde später trank er im Klubhaus einen Gin mit Wermut. Er hörte Oldsby zu. Oldsby war im Auswärtigen Amt und verstand etwas von Politik.
»Es scheint ihm ziemlich schlecht zu gehen, diesem Rumänen«, sagte Oldsby. »Er mußte operiert werden, und das schon zum zweitenmal.«
Partridge öffnete den Mund, um etwas zu sagen, aber in diesem Augenblick kam seine Familie, und gemeinsam gingen sie zu ihrem Wagen. Diesmal war es nicht der Bugatti, sondern die Vauxhall-Limousine mit Sheldon am Lenkrad.
Während der kurzen Fahrt sprach er nichts. Sie ließen ihn in Ruhe, denn sie glaubten, er sei müde.
Auf dem Tisch in der Halle lag ein Telegramm. Er öffnete es ruhig.

Es war von seinem Partner. Langsam las er es zweimal. Der rumänische Minister war also tot.
»Das ist schlimm«, sagte er sich und ging nach oben in sein Zimmer, um sich umzuziehen.
Erst am folgenden Montag, als er in sein Büro kam, entdeckte er, daß er ruiniert war.
Zwei Tage später saß Partridge allein in seinem Büro. Es war schon sehr spät. Er hatte alle Züge verpaßt, und es gab keinen mehr, mit dem er rechtzeitig zum Abendessen nach Haus kommen konnte. Gertrude würde glauben, daß ihm etwas zugestoßen war. Er mußte es ihr erklären, und bis jetzt hatte er ihr noch nichts gesagt. Achtzehn Jahre lang war er nie zu spät zum Essen gekommen – jedenfalls nicht, ohne vorher anzurufen. Das zeigte den Ernst der Lage.
Er weigerte sich immer noch, der Wahrheit ins Gesicht zu sehen. Er war ruiniert, sicher, aber es gab Dinge, die schlimmer waren als finanzieller Ruin.
Heute war Mittwoch. Die ganze Zeit seit Montag, als die rumänischen Ölaktien so tief gefallen waren, hatte er, freiwillig, wie in einer Art Nebel gelebt. Er hatte nicht klar gesehen, und er wollte auch nichts klar sehen. Er hatte Angst vor den Tatsachen und vor jedem, der ihn zwingen könnte, ihnen ins Auge zu sehen. Da war beispielsweise Walker, sein alter Bürovorsteher, seit dreißig Jahren bei der Firma, nun müde und abgehärmt, mit braunen sanften Augen. Walker hatte ihn mit unbeholfenen Worten zu trösten versucht, aber Partridge war eher erschreckt als getröstet. Denn seine Worte schienen anzudeuten, daß die Dinge noch schlimmer waren, als er sich bis jetzt eingestanden hatte.
Dann war da noch Bentham, sein Partner, dem er blindlings, zu blindlings, vertraut hatte. Benthams Verhalten erschreckte ihn noch mehr als das des Bürovorstehers; denn es war falsch. Bentham war ein Betrüger, trotz seiner Gelassenheit. Die goldene Kette, die sich straff über seine Weste spannte, wirkte plötzlich unanständig. Bentham sprach immer noch davon, die

Lage zu retten, aber Partridge wußte, daß er gar nicht meinte, was er sagte, Bentham war zu schlau, um sich über die Lage zu täuschen. Bentham wußte zu viel. Ständig entdeckte er neue Beweise dafür, daß Bentham gewisse Aspekte ihrer letzten gemeinsamen Transaktionen gekannt hatte, die ihm selbst völlig entgangen waren.

Er hatte Bentham zu viel Freiheit gelassen. Häufig hatte er die Verbindlichkeiten, die er unterschrieben hatte, gar nicht ganz verstanden. Die Zusammenarbeit war zu gut gewesen. Bentham hatte Geld verdient, Geld für beide, aber es hatte den Anschein, daß ein großer Teil des Geldes, das Bentham verdient hatte, in den Geschäftsbüchern der gemeinsamen Firma nicht aufzufinden war. Und Bentham sprach beiläufig davon, daß er, wenn es zum Schlimmsten käme, verschwinden und in einem anderen Land ein neues Leben anfangen wollte.

Dann war da der letzte verzweifelte Versuch, gewisse Sicherheiten, die die Firma in Verwahrung hatte, zu verpfänden, um die Deckungslücke zu füllen. Er hatte das Manöver nicht ganz verstanden. Er hatte Bentham freie Hand gelassen, denn am Montag hatte er ihm geschworen, daß er alles in Ordnung bringen und die Firma retten könnte. Und die Firma mußte natürlich gerettet werden. Was sollte sonst aus Gertrude und den Kindern werden?

Aber wie konnte er die Stunde der Wahrheit noch länger hinausschieben? Er mußte genau wissen, wo und wie er stand. Walker hatte ihm die Bücher dagelassen, und allein in seinem Büro zwang sich Partridge, sie zu prüfen, wie sie ein Konkursverwalter prüfen würde.

Und schließlich wurde ihm alles klar.

Bentham war ein Gauner. Das ergab sich einwandfrei aus den Zahlen und Tatsachen. Bentham hatte seinen Partner betrogen und die Firma um ihren guten Ruf gebracht. Die Sicherheiten beispielsweise, die er in letzter Stunde verpfändet hatte!

Das war ein klarer Fall von Unterschlagung. Und jetzt wollte Bentham verschwinden und ein neues Leben anfangen und

Partridge mit dem Scherbenhaufen zurücklassen.
Partridge ballte die Fäuste und dachte nach. Bentham hatte er bereits vergessen. Was spielte Bentham noch für eine Rolle? Was spielte überhaupt noch eine Rolle außer seiner Familie? Das war das absolute Ende. Gertrude würde keinen Pfennig haben. Derek konnte nie seinen Platz in der Firma übernehmen, und die Oberschule für die Mädchen mußte auch gestrichen werden. Allerdings hatte Gertrude ihre Musik. Er konnte sich das Messingschild vorstellen, an einer abgeblätterten Tür vor einer schäbigen Wohnung irgendwo in West Kensington: Gertrude Partridge, Klavierlehrerin. Oder vielleicht würde sie lieber Zimmer vermieten. Er selbst würde natürlich in Wormwood Scrubs seine Strafe absitzen. Er glaubte, daß das die Anstalt war, in der Ersttäter saßen. Das wußte er von dem Direktor des Gefängnisses, mit dem er befreundet war. Ein netter Bursche, der Direktor. Sie hatten sich oft über die Reformen im Strafvollzug unterhalten. Er brauchte vermutlich keinen gestreiften Gefängnisanzug zu tragen, und er würde auch seinen eigenen Namen behalten. Sie waren heute in diesen Dingen sehr viel milder zu Leuten, die zum erstenmal straffällig wurden.
Partridge stöhnte und bedeckte sein mageres Gesicht mit den Händen. Was spielte es für eine Rolle, was er im Gefängnis trug und ob er mit seinem Namen oder mit einer Nummer aufgerufen wurde? Es ging um seine Familie, nur die Familie war wichtig. Ihr zu dienen war der Sinn seines Lebens. Er hatte sich angewöhnt, immer zuerst an sie zu denken, sich selbst nur als ein Werkzeug zu betrachten, das ihre Wünsche erfüllte. Sie hielten viel von ihm, natürlich, aber nur aus Liebe und Zuneigung schätzten sie ihn so hoch ein. Immer war er stolz und glücklich gewesen, wenn er ihnen das beste verschaffen konnte, was das Leben zu bieten hatte. Derek sollte natürlich nach Oxford gehen. Sie brauchten alle ein bißchen eigenes Vermögen, wenigstens soviel, um unabhängig zu sein und das Gefühl zu haben, daß sie bekommen konnten, was sie woll-

ten, denn das war nach seiner Erfahrung der einzig sichere Weg, es wirklich zu bekommen. Es war der Sinn seines Lebens gewesen, seinen Kindern den Weg zu ebnen.

Und nun ...

Er hatte versagt. Und es war ihr gutes Recht, ihn dafür zu verdammen. Da war zum Beispiel Gertrude. Sie hatte ihm ihre Jugend und ihre Schönheit geopfert, und er fühlte sich immer in ihrer Schuld. Er hatte ihr sein Leben gewidmet, um dafür zu zahlen, und bis jetzt war ihm das auch gelungen. Aber jetzt war er verarmt und entehrt, und er war einundfünfzig. Was hatte sie noch am letzten Samstag gesagt? Daß sie beide gleich alt wären. Aber das war lächerlich. Gertrude war zehn Jahre jünger. Aber es sah ihr ähnlich, so etwas zu sagen. Denn sie liebte ihn. Es war sonderbar, daß sie ihn liebte. Aber das war jetzt zu Ende. Sie konnte ihn nicht mehr lieben. Er verdiente es nicht. Sie würde ihn nie mehr sehen wollen, wenn er ihr sagte, was geschehen war. Leichtsinnig hatte er die Zukunft der Kinder ruiniert, die ihnen beiden alles bedeuteten und in denen sie ihre eigene Jugend noch einmal erlebten.

Nein, sie würde ihn niemals wiedersehen wollen, wenn es ihm nicht irgendwie gelang, das Unheil von den Kindern abzuwenden. Gab es denn keinen Ausweg für einen verzweifelten Mann, dem gleichgültig war, was aus ihm selbst wurde, und der für keinen Menschen mehr von Nutzen war?

Er mußte sich zusammenreißen. Es mußte eine Lösung geben, und die mußte er finden. Er war entehrt, aber sie würden ihn rasch und leicht vergessen, wenn es ihm gelang, das Unheil von ihnen abzuwenden, das er auf sie gelenkt hatte. Oder vielleicht würden sie sich auch erinnern und ihm vergeben, freundlich an ihn denken, wenn er nur aus ihrem Leben verschwinden und sie in einigermaßen gesicherten Verhältnissen zurücklassen könnte.

Er beugte sich nach unten, um den Schlüssel in der untersten Schreibtischschublade umzudrehen und sie aufzuziehen. Dort bewahrte er seine persönlichen Papiere auf, die nicht einmal sein Privatsekretär sehen durfte. Er suchte sein Testament und faltete es auf. Mit einem bitteren Lachen las er es durch. Es war nicht mehr das Papier wert, auf dem es geschrieben war. Aber daneben lag etwas anderes, in einem langen Umschlag. Das war die Police seiner Lebensversicherung. Er nahm den Umschlag und zog mit zitternden Händen den Bogen heraus. Die Police war in Ordnung, in einem kleinen getrennten Fach dort unten in der Schublade lagen die Quittungen für die Prämien, die er bezahlt hatte. Das war das einzig Wertvolle, was ihm geblieben war.

Die Versicherung lautete auf 30 000 Pfund, eine große Summe. Aber er hatte auch keine Ersparnisse gemacht. Er hatte sein Geld lieber auf diese Weise angelegt. Er hatte eine hohe Prämie bezahlt für eine hohe Versicherungssumme. Das war völlig richtig, ein gutes Geschäft, und das Ergebnis – 30 000 Pfund, ein kleines Vermögen.

Damit konnte Derek nach Oxford gehen und Molly nach Newnham, und Gertrude würde dafür sorgen, daß sie alle eine gute Ausbildung bekämen.

Ja, aber wenn sie das Geld bekommen sollten, mußte er sterben. Mehr konnte er nicht tun, um ihnen zu helfen. Das einzige, was er tun konnte, war, für sie zu sterben. Und das war das Ende der Firma Partridge & Bentham.

Er stieß ein heiseres Kichern aus. Soweit war es also gekommen. Tot war er für seine Familie mehr wert als lebend. Einen Augenblick starrte er brütend auf den Bogen mit dem geprägten Kopf.

Dann begann sein Herz heftig zu pochen. Die Lösung starrte ihm direkt ins Gesicht. Es war also besser, wenn er tot war, und das ließ sich natürlich leicht einrichten. Dann würde Gertrude das Geld bekommen. Nichts einfacher als das. Und das Geld würde Gertrude gehören. Es konnte nicht beschlagnahmt oder zur Konkursmasse geschlagen werden. In diesem Punkt war er sehr vorsichtig gewesen. Das Geld war völlig sicher, und es reichte aus. 30 000 Pfund, gut angelegt, zu 6 Prozent, oder vielleicht sogar 7 Prozent, das waren über 2000 Pfund im Jahr – nein, nicht ganz, denn davon mußte die Einkommensteuer abgezogen werden. Aber immer noch etwa 1700 Pfund im Jahr. Das war gar nicht schlecht. Damit hatten die Kinder einen guten Start, und die Umstellung ihrer Lebensgewohnheiten würde nicht sehr arg sein. Natürlich mußten sie die Autos verkaufen und in eine kleinere Wohnung ziehen, aber das war nicht so wichtig. Gertrude würde das nichts ausmachen.

Er öffnete eine andere Schublade und nahm einen kleinen Revolver heraus, den er seit Jahren dort aufbewahrte. Er hatte ihn gekauft, um Walker zu beruhigen, der anscheinend glaubte, daß es gut war, für alle Fälle eine Waffe zur Hand zu haben. Walker war immer dafür, alles für alle Fälle vorbereitet zu haben. Um Walker zu beruhigen, hatte er den Revolver am Tag nach dem aufsehenerregenden Überfall in der Gracechurch Street gekauft, als der alte Hanson in seinem Privatbüro am hellen Tage von zwei Verbrechern ausgeraubt worden war. Er hatte Walker ausgelacht, aber den Revolver hatte er doch gekauft, und da lag er nun, und daneben eine kleine Schachtel mit Patronen. Er prüfte die Waffe und sah, daß sie geladen war. Nun, sie war seit zehn Jahren geladen. Vielleicht waren die Patronen feucht geworden. Er wollte ganz sichergehen.

Rasch ließ er die sechs Patronen in die Hand gleiten und legte sie auf den Tisch. Dann nahm er sechs andere aus der Schachtel, lud die Waffe neu und legte sie vor sich hin.

Sie lag auf der Versicherungspolice, die Mündung des glänzenden Laufes ungefähr in der Mitte des Bogens.

Mechanisch las er die Worte, auf die der Revolver zeigte. Er las sie einmal, noch einmal und ein drittes Mal. Beim Lesen erstarb die Hoffnung in seinem Herzen. Was hatte das zu bedeuten?

Die Zahlungsverpflichtung der Gesellschaft erlischt, wenn der Versicherungsnehmer Selbstmord begeht.

Da stand es schwarz auf weiß! Er durfte sich also nicht selbst töten. Wenn er das tat, war die Police wertlos. Offenbar mußte er auf natürliche Weise oder durch einen Unfall sterben. Ein natürlicher war ausgeschlossen. Er war kerngesund, und so würde es mindestens noch zehn Jahre bleiben. Einen Unfall vorzutäuschen war sehr schwer. Die Leute von der Versicherung waren keine Idioten, und wenn einer ihrer Kunden, der für seine Erben 30 000 Pfund wert war und allen Grund hatte, möglichst schnell aus dieser Welt zu verschwinden, durch einen Unfall ums Leben kam, gab es eine Untersuchung. Es hatte keinen Sinn, sich einfach vor einen Zug zu stürzen oder zu weit aus dem Fenster zu lehnen oder so etwas. Er mußte sich das gründlich überlegen.

Lange Zeit saß er bewegungslos da und versuchte, sich einen wirklich überzeugenden Unfall auszudenken, der so offensichtlich nicht gestellt war, daß niemand auch nur im Traum auf den Gedanken kam, es für einen sonderbaren Zufall zu halten, daß er, nachdem er ruiniert und um seinen guten Ruf gebracht war, gerade auf diese Weise ums Leben gekommen sein sollte. Aber er fand nichts. Es fiel ihm nichts ein, was auch nur die geringste Aussicht hatte, unentdeckt zu bleiben. Es würde mit Sicherheit eine Untersuchung geben. Die Gesellschaft würde sich um seine finanziellen Verhältnisse kümmern, und dann bestand immer die Möglichkeit, daß sie die Zahlung verweigerte. Vielleicht konnte Gertrude die Gesellschaft verklagen. Dann gab es einen Prozeß, endlose Verzögerungen und zum Schluß wahrscheinlich doch kein Geld.

Und dann fiel es ihm ein. Er packte die Armstützen des Sessels und lehnte sich zurück. Auf seiner Stirn glitzerten Schweißperlen, aber er merkte es nicht. Jetzt hatte er es. Warum war er nicht schon vorher darauf gekommen?

Er nahm die Police wieder in die Hand und las sie sorgfältig vom Anfang bis zum Ende durch. Ja, natürlich. Das war der Ausweg. Es gab keine Fehlerquelle. Der Plan war völlig sicher. Partridge lachte. Im Inneren fühlte er fast so etwas wie Triumph. Was sprach gegen seinen Plan? Zuerst natürlich die

Schande. Aber die kam ohnehin; und die Kinder konnten einen anderen Namen annehmen. Mit 30 000 Pfund konnte man vieles regeln auf dieser Welt, einschließlich der Schande, doch ohne Geld überhaupt nichts.
Entschlossen griff er zum Telefon. Benthams Butler wollte ihn nicht verbinden, aber danach ging alles glatt. Zuerst weigerte sich Bentham natürlich, ins Büro zu kommen. Aber Partridge erklärte seinem Partner, daß er gerade unvorstellbares Glück gehabt hätte; dabei war er sich des grimmigen Humors der Situation völlig bewußt. Natürlich konnte er am Telefon keine Einzelheiten erörtern, aber die Lage war ohne jeden Zweifel gerettet. Partridge & Bentham hatten es geschafft. Und er erklärte Bentham, daß er ganz plötzlich einen Weg entdeckt hätte, wie er über 30 000 Pfund verfügen könnte.
»Das ist mehr als genug«, kicherte er. »Mehr als genug für den dringendsten Bedarf.«
Partridge saß gelassen in seinem Sessel und wartete. Er begann zu träumen. Er dachte an seine Flitterwochen in Amalfi. Er sah das Meer vor sich und die sanften Hügel mit den Olivenbäumen. Hinter ihnen, hoch oben in den Bergen, lag Ravello in der Sonne. Wie er mit Gertrude über das Mosaik von Jonas und dem Walfisch in der Kirche gelacht hatte, es war so naiv und schön.
Plötzlich hörte er Schritte.
»Nun?« kam eine Stimme von der Tür.
Partridge stand auf.
»Sind Sie es, Bentham?« fragte er.
Ja, es war wirklich Bentham, der in der Tür stand. Seine goldene Uhrkette spannte sich straff zwischen den beiden Westentaschen.
Partridge ging ruhig auf ihn zu, hob den Revolver und schoß seinem Partner ohne Bedauern eine Kugel in den Kopf.
Dan ging er zum Schreibtisch, nahm den Telefonhörer ab und verlangte die nächste Polizeiwache.

Partridge war sehr besorgt über das Verhalten seines Anwalts. Zunächst einmal, er wollte gar keinen Anwalt. Er hatte es abgelehnt, irgend etwas zu unternehmen, außer sich für schuldig zu erklären. Aber es wurde ihm natürlich ein Anwalt zugeteilt. Es handelte sich um ein Kapitalverbrechen, und das bedeutete, daß der Angeklagte sich nicht selbst verteidigen durfte. Sie hatten einen Anwalt gefunden, einen jungen Burschen, der seinen Fall übernahm. Er hieß Tomlinson oder Tomkinson oder so ähnlich und besuchte Partridge in seiner Zelle in Holloway.
Partridge hatte seinen Anwalt nicht sehr freundlich empfangen und überhaupt nichts unternommen, um ihm bei der Verteidigung zu helfen. Was sollte das für einen Sinn haben? Er erklärte sich für schuldig und hatte den Aussagen, die er bei seiner Verhaftung gemacht hatte, nichts hinzuzufügen. Diese Aussagen waren völlig klar gewesen. Er hatte mit seinem Partner James Bentham gestritten, und dieser hatte zur gewohnten Zeit, gegen fünf Uhr, das Büro verlassen. Er, Partridge, war bis nach sieben geblieben und hatte über den Streit mit seinem Partner nachgedacht. Endlich war er zu dem Entschluß gekommen, ihn zu beseitigen. Um 7.10 Uhr hatte er Bentham angerufen und ihn unter einem Vorwand veranlaßt, wieder ins Büro zu kommen. Gleich nach seiner Ankunft hatte er Bentham erschossen und sich dann der Polizei gestellt.
Es war doch ganz einfach. Jetzt sollte die Gerechtigkeit ihren Lauf nehmen, und zwar möglichst schnell. Er wußte, daß zwischen der Verkündung und der Vollstreckung des Urteils drei volle Wochen vergehen durften.
Aber nun kam dieser junge Dummkopf daher und bestand darauf, ein Plädoyer zu halten. Was sollte das für einen Sinn haben? Der Angeklagte hatte sich für schuldig erklärt, und er wollte keine Verteidigung. Er hatte vorsätzlich und kaltblütig einen Mord begangen. Er war bereit, die Strafe auf sich zu nehmen.
Doch was war das? Der Strafverteidiger ritt nun auf Bent-

hams Charakter und seinen Untaten herum.
»Ich bedaure, über einen Toten so offen sprechen zu müssen, aber aus den Tatsachen ergibt sich unumstößlich, daß er meinen Klienten um sein gesamtes Vermögen betrogen hat. Er hat diesen unglücklichen Mann und seine Familie an den Bettelstab gebracht. Ich gebe zu bedenken, daß mein Klient, als er die Tat beging, aufs äußerste gereizt war ...«
Woher wußte der Mann über Bentham Bescheid? Er hatte ihm nichts davon erzählt, gar nichts. Hatte Gertrude es ihm vielleicht gesagt? Gertrude. Sein Herz tat einen Sprung. Er hatte sie seit der Verhaftung nur ein einziges Mal gesehen.
Aber das hier war unerträglich. Irgendwie mußte er den jungen Mann zum Schweigen bringen.
Hastig kritzelte Partridge etwas auf einen Zettel, der seinem Anwalt sofort gebracht wurde. Dieser hielt einen Augenblick inne, las den Zettel und redete weiter, als ob nichts geschehen wäre.
Endlich war er fertig. Er hatte fast eine halbe Stunde gesprochen, die reinste Zeitverschwendung. Und außerdem ziemlich beunruhigend, dieses Zeug über Bentham, das er dem Gericht vorgetragen hatte. Aber die Geschworenen hatten natürlich keine Wahl. Sie mußten ihn für schuldig erklären, und der Richter mußte sich an das Gesetz halten. Es war alles völlig sicher, ohne Frage, aber trotzdem war er etwas beunruhigt.
Und jetzt hielt der Richter seine Rechtsbelehrung. Das konnte nicht lange dauern. Der Richter war ein vernünftiger, sachlicher Mann, der weder Zeit noch Worte verschwendete. Ja, es war alles in Ordnung. Der Richter erklärte den Geschworenen, daß sie auf »schuldig« erkennen müßten. Das war ein guter Schritt vorwärts.
Partridge atmete erleichtert auf.
Hinter dem Kopf des Richters erschien eine Hand und legte eine kleine viereckige schwarze Kappe auf seine Perücke.
»Angeklagter, haben Sie Gründe vorzubringen, warum die Todesstrafe an Ihnen nicht vollstreckt werden sollte?«

Einer der schwerfälligen Wärter, zwischen denen Partridge stand, gab ihm einen Stoß. Für einen Augenblick herrschte völlige Stille.
»Ich habe nichts vorzubringen«, sagte Partridge mit einem merkwürdigen schwachen Lächeln.
Und er lächelte immer noch, als sie ihn, nachdem er zum Tode verurteilt worden war, abführten.

Die erste Woche in der Todeszelle verbrachte Partridge recht zufrieden. Am dritten Tag hatte ihn ein Rechtsanwalt wegen des Konkurses seiner Firma besucht. Es waren die gesamten Verbindlichkeiten aufgenommen worden, und es schien, daß die Gläubiger mindestens achtzehn Shilling für das Pfund bekommen würden, vielleicht sogar noch ein bißchen mehr. Das war gewiß befriedigend, äußerst befriedigend. Natürlich waren Gertrude und die Kinder mittellos – aber Gott sei Dank nicht für lange, nur für ein paar Tage. Die Vollstreckung konnte nicht lange verschoben werden, denn er hatte auf einen Einspruch gegen das Urteil verzichtet, und dadurch wurde der Ablauf natürlich sehr beschleunigt. In der Zwischenzeit hatte Gertrude ihre Perlen. Dafür konnte sie eine schöne Summe bekommen, mindestens vierhundert Pfund, und das reichte für den Lebensunterhalt, bis die Versicherungsgesellschaft gezahlt hatte. Am Tag nach seiner Hinrichtung würde sie 30 000 Pfund bekommen. Da gab es keinen Ausweg für die Versicherung. Wenn er sich selbst getötet hätte, würde sie gar nichts bekommen, aber es gab keine Klausel in dem Vertrag, die für den Fall eines Todesurteils eine Ausnahme machte.
Ja, das hatte er alles sehr klug eingefädelt, äußerst klug sogar. Und seine Freunde – das waren alle, die jetzt noch zugaben, daß sie ihn kannten – hielten ihn für verrückt. Partridge lächelte heiter, und er hörte nicht auf zu lächeln, sehr zur Verwunderung seines Wärters. Denn jetzt ließ man ihn nicht mehr allein. Er wurde Tag und Nacht bewacht. Das war lästig, aber es gehörte zu dem, was er als Folge seines eigenen frei-

willigen Entschlusses auf sich zu nehmen hatte. Er sah das ein und fügte sich. Er tat das alles für seine Familie. So hatte er zum Schluß doch nicht versagt, und bald würden sie von ihm befreit sein, ein kleines Vermögen haben und unbesorgt in die Zukunft blicken.
Er hatte nicht die geringste Angst vor dem Sterben. Es gab nur eine Sache, die ihn wirklich beunruhigte. Der Tag kam näher, an dem er sich von Gertrude verabschieden mußte. Das würde schrecklich werden. Die Zeit verging, und er fürchtete sich immer mehr vor diesem Tag. Auch für Gertrude mußte es schrecklich sein. Es war besser für sie, wenn sie ihn los war, aber wahrscheinlich würde sie das am Anfang nicht einsehen. Sie würde Zeit brauchen, und es war auf jeden Fall für eine Frau bedrückend, sich von einem Gatten zu verabschieden, der gehenkt werden sollte. Sie waren so gut miteinander ausgekommen. Es würde bestimmt schrecklich werden. Er würde sie aus der Tür gehen sehen, und dann würde er sie nie wieder sehen. Das war ein entsetzlicher Gedanke.
Wie würde sie ihn wohl begrüßen? Bei ihrer einzigen Begegnung nach der Verhaftung wirkte sie wie betäubt. Ja, das war das richtige Wort — betäubt. Oder hatte sie sich nur zu beherrschen versucht? Sie hatte keine Tränen vergossen und, äußerlich jedenfalls, ganz ruhig gewirkt. Die einzige Bewegung hatte sie beim Abschied gezeigt, als sie ihn inniger küßte, als es ihre Art war. Er betete, daß sie sich bei ihrem Abschied auch so verhalten würde. Sonst wußte er nicht, was er tun würde.
Den wahren Grund, warum er Bentham erschossen hatte, konnte er ihr natürlich nicht sagen oder auch nur andeuten, denn dann hätte er sie zur Mitwisserin gemacht. Sie sollte völlig unschuldig bleiben. Sie sollte entweder glauben, daß er durch die Gemeinheit seines betrügerischen Partners plötzlich in Wut geraten war, oder sie sollte die Ansicht der wohlwollenderen seiner Freunde teilen und glauben, daß er in einem plötzlichen Anfall von Geistesgestörtheit gehandelt hatte.

Partridge hoffte, daß sie von diesen beiden Hypothesen die erste wählen würde. Sie sollte ihn nicht für verrückt halten, wenn es sich vermeiden ließ. Denn sonst würde sie ständig nach Zeichen dafür suchen, daß sich die Krankheit auf die Kinder vererbt hatte. Außerdem war er nicht verrückt. Im Gegenteil, niemand hätte klüger und überlegter handeln können als er.

Inzwischen blieb ihm nichts zu tun übrig, als auf das Ende zu warten und den Kopf hochzuhalten. Gertrude konnte wählen, ob sie glauben wollte, daß er den Mord aus Rache begangen hatte oder in einem Anfall von Geistesgestörtheit. Er wollte sie nicht beeinflussen. Das war das wenigste, was er tun konnte, das wenigste, was er ihr schenken konnte für achtzehn Jahre der Liebe und des Glücks, wie sie nicht vielen Männern beschieden waren, dessen war er sicher.

Der wirkliche Abschied war nicht so schlimm, wie er gefürchtet hatte. Der Gefängnisdirektor kam um neun Uhr morgens und erklärte ganz ruhig, daß er am nächsten Tag um acht Uhr früh sterben würde.

Fröhlich lächelnd schaute er den Wärter an, der ihn mit einem Kopfschütteln verwundert ansah, als ob er nicht wüßte, was er mit diesem Gefangenen anfangen sollte. Partridge allerdings ließ sich durch das Verhalten des Wärters nicht beunruhigen. Der Mann hielt ihn natürlich für verrückt, wie so viele andere auch. Es ist wohl ungewöhnlich, dachte er, daß jemand lächelt, wenn ihm in kurzen Worten mitgeteilt wird, daß er in vierundzwanzig Stunden gehenkt wird. Aber er hatte jeden Grund zum Lächeln. Sein großer Plan war gelungen. Jetzt konnte nichts mehr schiefgehen. Die Erklärung des Direktors war endgültig und befreite ihn von allen Sorgen. Er hatte sich manchmal wirklich Sorgen gemacht. Dieser Tomlinson oder Tomkinson zum Beispiel hatte ihm mit seinen »mildernden Umständen« und seiner »unerträglichen Herausforderung« manche unruhige Minute bereitet. Zum Glück waren der Rich-

ter und die Geschworenen ganz vernünftig gewesen und hatten keine Begnadigung oder solchen Unsinn empfohlen, sondern die zwölf Männer hatten sich schlicht und einfach auf das Todesurteil geeinigt. Und jetzt sollte er wirklich hingerichtet werden. Die Stunde stand schon fest.
Partridge saß auf der Bettkante oder ging in der Zelle auf und ab. Ab und zu hob er den Kopf und lauschte auf die hämmernden Geräusche, die mit Unterbrechungen zu hören waren; nach einer Weile fragte er den Wärter, der in seiner Zelle Dienst hatte, was das bedeutete. Der Wärter schien durch die Frage in Verlegenheit zu geraten, aber dann sagte er, es würde nur alles vorbereitet.
»Für morgen meinen Sie?« fragte Partridge.
Der Wärter nickte.
»Hören Sie«, fuhr Partridge eifrig fort. »Ich nehme an, daß alles in Ordnung ist wegen morgen früh. Ich meine, es gibt da sicher keine – Fehler?«
»Keine Angst«, sagte der Wärter. »Es wird nie ein Fehler gemacht. Darüber brauchen Sie sich keine Sorgen zu machen.«
»Ich meine etwas anderes«, drängte Partridge. »Wenn das Seil reißt oder das Fallbrett klemmt, habe ich mir sagen lassen, oder wenn etwas anderes passiert, wird es dreimal versucht, und wenn man dann immer noch lebt, muß man begnadigt werden.«
»Darüber machen Sie sich keine Sorgen«, erklärte der Wärter beruhigend. »Das ist in den letzten hundert Jahren höchstens ein- oder zweimal vorgekommen.«
»Sehr gut«, sagte Partridge, wieder mit einem Lächeln.
Komischer Kerl, dachte der Wärter.
»Da fällt mir etwas ein«, berichtete Partridge gesprächig. »Ich habe mal von einem Zimmermann gelesen, der gehenkt wurde. Als er unter der Schlinge stand, erklärte er dem Direktor: ›Als Fachmann ist es meine Pflicht, Ihnen zu sagen, daß diese Plattform ganz und gar nicht sicher ist.‹ Sehr lustig, finden Sie nicht?«

Der Wärter gab keine Antwort, weil er nicht wußte, was er sagen sollte. Außerdem klopfte es in diesem Augenblick an die Zellentür, und dann wurde sie geöffnet.
Partridge drehte sich um und sah, daß Gertrude gekommen war, um Abschied zu nehmen.
Für einen Augenblick stand er ganz still, und sein Kopf war leer. Er starrte sie an und nahm ihren Anblick in sich auf. Wie wundervoll sie aussah! Sie war viel mehr wert als das, was er für sie tat. Grau kleidete sie immer besonders gut. So standen sie einen Augenblick da und sahen sich an.
Schließlich merkte Partridge, daß sie weinte. Das war überhaupt nicht gut. Er nahm sie in die Arme und versuchte, sie zu beruhigen.
»Bitte, weine nicht!« Mehr konnte er nicht sagen.
Über ihre Schulter hinweg sah er den Wärter, der ihnen den Rücken zukehrte. Das ist sehr taktvoll von dem Mann, dachte er.
»Denk einfach, daß ich auf eine lange Reise gehe«, meinte Partridge, obwohl er nicht wußte, warum er etwas so Dummes sagte.
Gertrude konnte nur antworten: »Guy, Liebling, ich liebe dich.« Und das war sehr nett von ihr, besonders, weil sie wirklich meinte, was sie sagte. Er begann endlich, die Tatsache zu begreifen, daß Gertrude ihn liebte, und das war ein Grund mehr, daß er alles tun mußte, um sie vor dem Ruin zu bewahren, in den er sie durch seine Achtlosigkeit und Unfähigkeit gestürzt hatte. Er schuldete ihr alles. Er konnte ihr niemals zurückzahlen, was sie ihm mit ihrer Liebe so großzügig geschenkt hatte – und wenn er hundert Jahre lebte. Aber dazu bestand nicht die geringste Aussicht, er hatte nur noch ein paar Stunden. Aber wenn er nicht für sie leben konnte, so konnte er für sie sterben, für ihre Zufriedenheit und ihre Geborgenheit und für die Sicherheit und den Erfolg der Kinder, die sie beide so sehr liebten.

Um sechs Uhr morgens wurde er geweckt. Er hatte gut geschlafen und wachte etwas benommen auf. Sechs Uhr war eine barbarische Stunde, um einen Menschen zu wecken. Warum konnten sie ihre Hinrichtungen nicht auf eine vernünftigere Zeit legen? Er war etwas verärgert darüber und brummte beim Waschen und Anziehen leise vor sich hin.

Er zog seine eigenen Sachen an, allerdings keine Krawatte. Auf das Frühstück verzichtete er. Eine Tasse Tee war alles, was er so früh am Morgen brauchte. Er hatte gehört, daß manche Mörder ein kräftiges Frühstück aßen, aber er hatte wirklich kein Verlangen danach.

Er war fertig und wartete schon einige Zeit, als draußen im Flur Schritte hörbar wurden.

»Das wird der Pfarrer sein«, sagte der Wärter; aber anscheinend hatte er sich geirrt, denn als die Tür geöffnet wurde, stand der Direktor da, hinter ihm der Arzt und als letzter der Pfarrer.

Als sie hereinkamen, trat der Wärter zur Seite, und Partridge hielt eifrig Ausschau nach einem vierten Mann. Die wichtigste Persönlichkeit fehlte. Wo steckte der Henker?

Aber es blieb noch genug Zeit, es war erst kurz nach halb acht, und vielleicht mußten noch einige Formalitäten erledigt werden, bevor sie zu der Sache kamen, wegen der sie hier waren.

Ja, mit den Formalitäten hatte er recht. Denn sie alle schauten jetzt den Direktor an, der mit sehr feierlichem Gesicht ein Schriftstück zu verlesen begann.

Das Schriftstück mußte wichtig sein, denn alle sahen sehr ernst aus, und der Direktor warf ab und zu einen Blick über den Rand des Papiers, als ob er sich vergewissern wollte, daß der Sinn seiner Worte von der Person, die es offensichtlich anging, auch wirklich aufgenommen wurde.

Partridge riß sich zusammen. Er mußte sich auf das, was der Direktor sagte, konzentrieren. Was sagte der Mann? Wo hatte er das schon einmal gehört?

»... Verbrechen begangen im Zustand äußerster Gereiztheit ... mildernde Umstände ... Die Todesstrafe wird hierdurch in eine lebenslängliche Freiheitsstrafe umgewandelt ...«
Partridge starrte leer vor sich hin.
»Es tut mir leid, Partridge«, sagte der Direktor. »Ich konnte Sie von der Begnadigung nicht vorher benachrichtigen. Ich habe sie selbst erst vor einer halben Stunde bekommen.«
Partridge starrte weiter vor sich hin. Als der Direktor sich umdrehte, um die Zelle zu verlassen, trat der Pfarrer auf ihn zu und legte ihm freundlich die Hand auf den Arm.
»Hören Sie, Partridge«, sagte der Pfarrer. »Der Innenminister hat sich den Gründen nicht verschließen können, die ihm in einem langen Gnadengesuch vorgelegt wurden. Der Allmächtige hat Ihnen noch eine Chance gegeben!« Als Partridge weiter regungslos dastand und schwieg, fügte er freundlich hinzu: »Sie müssen wissen, daß Sie ein Gesuch einreichen können.«
Partridge blickte auf, und in seinen Augen leuchtete plötzlich ein Hoffnungsschimmer.
»Ein Gesuch einreichen«, wiederholte er.
»Ja«, bestätigte der Pfarrer, noch freundlicher als vorher. »Sie können ein Gesuch um vorzeitige Entlassung einreichen – nach dreizehn Jahren.«

Canavans Garten

Joseph Payne Brennan

Zum erstenmal traf ich Canavan vor über zwanzig Jahren, kurz nachdem er aus London emigriert war. Er war Antiquar und liebte alte Bücher, und so war es ganz natürlich, daß er ein Bücherantiquariat eröffnete, nachdem er sich in New Haven niedergelassen hatte.

Da sein kleines Kapital es ihm nicht erlaubte, ein Ladenlokal im Stadtzentrum zu mieten, pachtete er ein alleinstehendes altes Haus am Stadtrand und richtete sich darin Wohnung und Geschäft ein. Das Viertel war nur spärlich besiedelt, aber da ein großer Prozentsatz seines Geschäfts sich per Post abwickelte, kam es darauf nicht sonderlich an.

Sehr oft, wenn ich einen Morgen an meiner Schreibmaschine verbracht hatte, spazierte ich zu Canavans Laden hinaus und stöberte fast den ganzen Nachmittag in seinen alten Büchern. Es war mir jedesmal ein großes Vergnügen, zumal Canavan niemals Druck ausübte, um seinen Umsatz zu heben. Er kannte meine mißliche Finanzlage; er runzelte nie mißbilligend die Stirn, wenn ich mit leeren Händen abzog.

Im Gegenteil, meine Gesellschaft allein schien ihm angenehm zu sein. Nur wenige Buchkäufer kamen regelmäßig in seinen Laden, und ich glaube, er war oft einsam. Manchmal, wenn wenig im Geschäft zu tun war, machte er eine Kanne englischen Tee, und dann saßen wir zwei stundenlang zusammen, tranken Tee und sprachen über Bücher.

Sogar sein Aussehen war das eines antiquarischen Buchhändlers — oder vielmehr der landläufigen Karikatur eines solchen.

Er war klein von Gestalt, mit leicht vornübergebeugten Schultern, und seine blauen Augen lugten hinter einer altmodischen Brille mit Stahlfassung und eckig geschliffenen Linsen hervor. Obwohl ich bezweifle, daß sein Jahreseinkommen jemals das eines guten Tapezierers erreichte, hatte er sein Auskommen und war zufrieden. Zufrieden jedenfalls, solange er nicht an seinen Hinterhof dachte.

Hinter dem baufälligen alten Haus, in dem er wohnte und seinen Laden betrieb, erstreckte sich ein langer, verkommener, von Dornengestrüpp und hohem, buntscheckigem Gras überwucherter Garten. Mehrere hinfällige Apfelbäume mit schartiger und schwarz angefaulter Rinde verstärkten den trostlosen Anblick der Szenerie nur noch. Die zusammengebrochenen Holzzäune zu beiden Seiten des Gartens versanken beinahe in dem wüsten Gewirr. Es war, als verschluckte sie der Erdboden. Der ganze Garten bot ein ungewöhnlich deprimierendes Bild, und ich habe mich oft gewundert, warum Canavan nicht ein wenig Ordnung schaffte.

Aber es ging mich eigentlich nichts an, und so sprach ich nie davon.

Eines Nachmittags, als ich wieder einmal den Laden besuchte, war Canavan nicht in seinem vorderen Ausstellungsraum. Ich ging daher durch einen schmalen Korridor nach hinten zu einem Lagerraum, in dem er manchmal mit dem Einpacken und Auspacken von Büchersendungen beschäftigt war. Als ich den Lagerraum betrat, stand Canavan am Fenster und schaute in den Hinterhof hinaus.

Ich wollte etwas sagen, tat es dann aber aus irgendeinem Grund nicht. Was mich veranlaßte zu schweigen, war wohl Canavans Gesicht. Er starrte mit seltsam angespannter Miene in den Hof hinaus, so als verlange etwas, das er dort sah, seine ganze Aufmerksamkeit. In seinen angestrengten Zügen spiegelten sich widerstreitende Gefühle. Er wirkte fasziniert und furchtsam, angezogen und abgestoßen. Als er mich schließlich bemerkte, fuhr er fast zusammen. Einen Moment lang sah

er mich an, als wäre ich ein völlig Fremder.
Dann war wieder sein altes, unbekümmertes Lächeln da, und seine blauen Augen blinzelten hinter den eckigen Brillengläsern. Er schüttelte den Kopf. »Manchmal sieht dieser Hinterhof einfach komisch aus. Wenn man lange genug hinschaut, könnte man meinen, er zieht sich meilenweit hin!«
Das war alles, was er an jenem Tag sagte, und ich hatte es schon bald wieder vergessen. Hätte ich nur geahnt, daß das erst der Anfang der schrecklichen Geschichte war!
Nach diesem Tag fand ich Canavan bei all meinen Besuchen im hinteren Lagerraum. Ab und zu arbeitete er auch dort, aber meistens stand er ganz einfach am Fenster und starrte in seinen öden Garten hinaus.
Manchmal stand er völlig versunken da und nahm meine Anwesenheit gar nicht zur Kenntnis. Was immer er dort sehen mochte, es schien seine ganze Aufmerksamkeit zu fesseln. Sein Gesicht zeigte dann jedesmal einen Ausdruck der Furcht, gemischt mit einer sonderbaren Art freudiger Erwartung. Gewöhnlich mußte ich erst laut husten oder mit den Füßen scharren, ehe er sich vom Fenster abwandte.
Wenn wir dann hinterher über Bücher sprachen, schien er wieder ganz der alte zu sein, aber ich hatte mit der Zeit das verwirrende Gefühl, daß er nur schauspielerte, daß er, während wir über Inkunabeln plauderten, in Gedanken tatsächlich noch immer bei seinem vermaledeiten Hinterhof war.
Mehrmals war ich im Begriff, ihn zu fragen, was es mit dem Hinterhof auf sich habe, aber jedesmal, wenn mir die Worte schon auf der Zunge lagen, hielt mich das Gefühl, ich könnte mich blamieren, zurück. Kann man einem Mann einen Vorwurf machen, weil er durchs Fenster in seinen eigenen Hinterhof hinausschaut? Was soll man da sagen, und wie soll man es sagen?
Ich schwieg. Später sollte ich es bitter bereuen.
Canavans Geschäft, das nie so recht geblüht hatte, begann nachzulassen. Schlimmer noch: Er schien auch physisch zu ver-

fallen. Er ließ sich immer mehr hängen, wurde hagerer und hohlwangiger, in seinen Augen war zwar noch immer dieser stechende Glanz, aber ich begann allmählich zu argwöhnen, daß es vielmehr ein fiebriges Flackern als das fröhliche Zwinkern gesunder Lebensfreude war.

Als ich eines Nachmittags in den Laden trat, war Canavan nirgends zu finden. Da ich annahm, er hätte hinter dem Haus irgend etwas zu tun, stellte ich mich ans Fenster und schaute hinaus.

Canavan sah ich nicht, aber während ich den Garten überblickte, beschlich mich plötzlich ein unerklärliches Gefühl der Trostlosigkeit, ein Gefühl, das sich wie eine eiskalte Meereswoge über mich hinwegwälzte. Schon wollte ich einer inneren Regung nachgeben und mich abwenden, aber da war etwas, das mich gefesselt hielt. Während mein Blick über das armselige Gewirr aus Sträuchern und Unkraut schweifte, befiel mich etwas, das ich mangels eines besseren Wortes als *Neugier* bezeichnen möchte. Vielleicht war es nur ein kühler, analytischer, leidenschaftsloser Teil meines Verstandes, der herausfinden wollte, was diesen plötzlichen Zustand akuter Depression bei mir verursacht hatte. Möglicherweise war auch irgend etwas an diesem elenden Anblick, das mich auf einer Ebene meines Unterbewußtseins ansprach, die ich bisher in meinen normalen, wachen Stunden stets verdrängt hatte.

Jedenfalls blieb ich am Fenster. Das trockene, braune Gras schwankte leicht im Wind. Die angefaulten schwarzen Bäume standen bewegungslos. Kein Vogel, nicht einmal ein Falter schwebte über der Einöde. Nichts war zu sehen als die langen, fleckigen Grashalme, die verrottenden Bäume und vereinzeltes niedriges Dornengestrüpp.

Und doch war da irgend etwas an diesem abgeschiedenen Stück Landschaft, das mich faszinierte.

Ich hatte wohl das Gefühl, als handle es sich hier um eine Art Vexierbild, das sich von selbst auflösen würde, wenn ich nur lange genug hinschaute.

Nachdem ich so einige Minuten lang hinausgeschaut hatte, konnte ich mich des merkwürdigen Eindrucks nicht erwehren, als ob sich die Perspektive immer wieder kunstvoll verändere. Weder das Gras noch die Bäume änderten sich, und doch war es, als ob sich der Garten in seinen Dimensionen ausdehnte. Zuerst dachte ich lediglich, daß der Garten in Wirklichkeit viel länger war, als ich bisher vermutet hatte. Dann kam mir der Gedanke, daß er sich tatsächlich über mehrere Morgen hinzog. Und zuletzt war ich überzeugt, daß er sich endlos weit erstreckte und ich, wenn ich ihn beträte, meilenweit laufen könnte, ehe ich ans Ende gelangen würde.

Plötzlich wurde ich von dem fast übermächtigen Drang gepackt, durch die Hintertür hinauszustürzen, in dem Meer aus schwankendem Gras unterzutauchen und immer geradeaus zu laufen, bis ich selbst entdeckt hätte, wie weit er sich ausdehnte. Ich war tatsächlich gerade im Begriff, es zu tun — da sah ich Canavan.

Er tauchte unvermittelt aus dem Wirrwarr des hohen Grases am vorderen Ende des Gartens auf. Mindestens eine Minute lang wirkte er völlig verloren. Er betrachtete die Rückseite seines eigenen Hauses, als sehe er sie zum erstenmal in seinem Leben. Er war zerzaust und offensichtlich erregt. An seiner Hose und Jacke hingen Dornen, und in den Ösen seiner altmodischen Schuhe steckten Grashalme. Seine Augen irrten wild in die Runde; es war, als wollte er jeden Moment umkehren und Hals über Kopf in das Gewirr zurückstürzen, aus dem er eben aufgetaucht war.

Ich klopfte laut an die Fensterscheibe. Er hielt halb umgewandt inne, sah über die Schulter zurück und gewahrte mich. Allmählich nahmen seine gehetzten Züge wieder einen normalen Ausdruck an. Mit müdem, schleppendem Gang kam er auf das Haus zu. Ich sprang rasch zur Tür und ließ ihn ein. Er ging direkt in den vorderen Ladenraum und ließ sich auf einen Stuhl niedersinken.

Als ich ihm folgte, hob er den Kopf.

»Frank«, sagte er beinahe flüsternd, »würden Sie uns frischen Tee machen?«
Ich bereitete Tee, und er trank ihn brühheiß, ohne ein Wort zu sagen. Er sah äußerst erschöpft aus; mir war klar, daß er zu müde war, um von seinem Erlebnis zu erzählen.
»Sie bleiben wohl besser für ein paar Tage im Haus«, sagte ich, als ich mich verabschiedete.
Er nickte schwach, ohne aufzublicken, und wünschte mir noch einen guten Tag.
Als ich am nächsten Nachmittag wieder zu seinem Laden kam, schien er mir erholt und erfrischt, aber trotzdem launisch und deprimiert. Mit keinem Wort erwähnte er den Vorfall vom Vortag. Ungefähr eine Woche lang hatte es den Anschein, als dächte er nicht mehr an seinen Hinterhof.
Aber als ich eines Tages wieder in seinen Laden kam, stand er am Hoffenster, und mir fiel auf, daß er sich nur mit größtem Widerwillen losreißen konnte. Von dem Tage an wiederholte sich regelmäßig das gleiche, und ich wußte, daß das unheimliche Gewirr von Dornen und Gras hinter seinem Haus langsam zu einer Zwangsvorstellung bei ihm wurde.
Weil ich um sein Geschäft und um seine anfällige Gesundheit fürchtete, stellte ich ihn schließlich zur Rede. Ich wies ihn darauf hin, daß er Kunden verlor. Er hatte schon seit Monaten keinen Buchkatalog mehr herausgegeben. Ich versuchte ihm klarzumachen, daß die Zeit, die er mit dem Anstarren dieses verhexten Stückes Land hinter seinem Haus verschwendete, besser genutzt werden könnte, wenn er Bücher katalogisierte und seine Aufträge erledigte. Ich hämmerte ihm ein, daß eine fixe Idee wie die seine mit Sicherheit seine Gesundheit untergraben würde. Und schließlich hielt ich ihm das Absurde und das Lächerliche der ganzen Sache vor Augen. Wenn die Leute wüßten, daß er stundenlang zum Fenster hinausstarrte, von wo aus es nichts weiter zu sehen gab als einen Gras- und Dornendschungel in Miniaturausgabe, dann würden sie ihn für total verrückt halten!

Und am Schluß wagte ich die Frage, was er denn an jenem Nachmittag erlebt hätte, als ich ihn mit völlig verwirrtem Gesichtsausdruck aus dem Gras auftauchen sah.
Er setzte mit einem Seufzer die Brille ab. »Frank«, sagte er, »ich weiß, Sie meinen es gut. Aber dieser Hinterhof birgt etwas – ein Geheimnis –, das ich herausfinden muß. Ich weiß nicht genau, was es ist – etwas, das mit Entfernungen, Dimensionen und Perspektiven zu tun hat, das wird es wohl sein. Aber was es auch sein mag, ich muß es als eine ... nun, als eine Herausforderung betrachten. Ich muß der Sache auf den Grund gehen. Wenn Sie mich für verrückt halten, so bedaure ich das. Aber ich werde keine Ruhe finden, bis ich das Rätsel um dieses Grundstück gelöst habe.«
Er setzte seine Brille mit gerunzelter Stirn wieder auf. »An dem Nachmittag«, fuhr er fort, »als Sie am Fenster standen, hatte ich da draußen ein seltsames und erschreckendes Erlebnis. Ich hatte vorher ebenfalls am Fenster gestanden, und schließlich fühlte ich mich wie von einem unwiderstehlichen Zwang nach draußen gezogen. Ich stürzte mich in das hohe Gras mit einem Gefühl freudiger, abenteuerlustiger, erwartungsvoller Begeisterung. Und während ich weiter in den Garten eindrang, schlug dieses Glücksgefühl in tiefe Depression um. Ich kehrte um, wollte wieder hinaus aus dem Gewirr – aber es ging nicht. Ich weiß, Sie werden mir nicht glauben – aber ich hatte mich verirrt! Ich hatte jeden Orientierungssinn verloren und wußte nicht mehr, wohin ich mich wenden sollte. Das Gras da draußen ist höher, als es aussieht! Wenn man erst drinnen steckt, sieht man nicht mehr darüber hinweg. Ich weiß, es klingt unglaublich – aber ich bin eine Stunde lang darin herumgeirrt. Der Garten kam mir phantastisch groß vor, nachdem ich erst in das wuchernde Gras eingedrungen war. Es war mir beinahe, als veränderten sich die Dimensionen mit jedem Schritt, so daß immer eine unendlich weite Fläche vor mir lag. Ich muß wohl im Kreis gelaufen sein. Ich schwöre: ich bin meilenweit gewandert!«

Er schüttelte den Kopf.
»Sie müssen mir nicht glauben. Ich erwarte es nicht von Ihnen. Aber so ist es gewesen. Den Weg hinaus fand ich schließlich nur durch reinen Zufall. Und das Seltsamste war die panische Angst, die ich plötzlich verspürte, als ich draußen war und nicht mehr das hohe Gras um mich herum hatte — am liebsten wäre ich gleich wieder hineingestürzt! Und das trotz des entsetzlichen Gefühls der Trostlosigkeit, das dieser Ort in mir geweckt hatte. Aber ich muß noch einmal wieder hinein. Ich muß das Geheimnis ergründen. Da draußen ist etwas, das allen uns bekannten Gesetzen irdischer Natur widerspricht. Und ich will herausfinden, was es ist. Ich habe auch schon einen Plan, den ich in die Praxis umsetzen will.«
Seine Worte berührten mich seltsam, und als ich mir voller Unbehagen mein eigenes Erlebnis am Fenster an jenem Nachmittag in die Erinnerung zurückrief, fiel es mir schwer, seine Geschichte als puren Unsinn abzutun. Ich versuchte zwar — halben Herzens —, ihn vom nochmaligen Betreten des Gartens abzubringen, aber ich wußte, noch während ich sprach, daß ich meine Worte nur verschwendete.
An diesem Nachmittag verließ ich den Laden mit einem Gefühl der Beklemmung und der bösen Vorahnung, das durch nichts zu beschwichtigen war.
Als ich ihn mehrere Tage später wieder besuchte, bestätigten sich meine schlimmsten Befürchtungen — Canavan war nicht da. Die Ladentür war, wie üblich, nicht verriegelt, aber Canavan war nicht im Haus. Ich schaute in allen Räumen nach. Schließlich öffnete ich mit einem unbeschreiblichen Gefühl des Unbehagens die Hintertür und sah in den Garten hinaus.
Die langen braunen Grashalme rieben sich in der leichten Brise mit trockenem, zischenden Flüstern aneinander. Die dunklen Bäume reckten sich schwarz und bewegungslos in die Höhe. Trotz der Jahreszeit — es war Spätsommer — hörte ich weder das Zwitschern eines Vogels noch das Zirpen eines einzigen Insekts. Es war, als ob auch der Garten selbst lauschte.

Dann spürte ich etwas an meinem Fuß; ich schaute hinunter und sah eine dicke Schnur, die zur Tür hinausführte, über den schmalen, gepflegten Platz unmittelbar hinter dem Haus und weiter in die Wand aus schwankendem Gras hinein. Sofort fiel mir ein, daß Canavan von einem »Plan« gesprochen hatte. Sein Plan – das war mir mit einemmal klar – bestand darin, eine kräftige Schnur hinter sich herziehend in den Garten einzudringen. Wie er sich auch drehte und wendete, mußte er sich gedacht haben, er würde den Ausgang finden, wenn er einfach die Schnur zurückverfolgte.
Der Plan schien mir durchaus praktikabel, und ich fühlte mich erleichtert. Wahrscheinlich war Canavan noch im Garten. Ich beschloß zu warten, bis er herauskäme. Wenn man ihn nur lange genug in dem Garten umherstreifen ließe, ohne ihn zu stören, würde der Ort vielleicht die unheilvolle Faszination verlieren, und er könnte alles vergessen.
Ich kehrte in den Laden zurück und stöberte in den Büchern. Nach einer Stunde wurde mir jedoch wieder unbehaglich zumute. Ich fragte mich, wie lange Canavan nun schon in dem Garten sein mochte. Als ich über den zweifelhaften Gesundheitszustand des Alten nachdachte, überkam mich ein Gefühl der Verantwortung.
Ich kehrte wieder zur Hintertür zurück, sah ihn nirgendwo und rief laut seinen Namen. Ich hatte das beunruhigende Empfinden, daß meine Stimme nicht über den Rand des flüsternden Grasrains hinaustrug. Es war, als würde der Klang gedämpft, erstickt, gelöscht, sobald die Tonschwingungen die Grenze dieses überwucherten Gartens erreichten.
Ich rief wieder und wieder, aber es kam keine Antwort. Am Ende beschloß ich, ihm nachzugehen. Ich würde der Schnur folgen, dachte ich, und ihn so ganz sicher nicht verfehlen. Ich sagte mir, daß das dichte Gras zweifellos meine Rufe dämpfte – und daß Canavan möglicherweise auch unter leichter Alterstaubheit leiden könnte.
Das Ende der Schnur war im Haus an dem Bein eines schwe-

ren Tisches befestigt. Ich ergriff die Schnur, überquerte den aufgeräumten Teil des Hofes direkt hinter dem Haus und tauchte in das leise raschelnde Gras ein.

Zuerst hatte ich keine Schwierigkeiten, und ich kam gut voran. Je weiter ich jedoch eindrang, desto dicker wurden die Halme und desto dichter standen sie beieinander, und es erforderte Mühe, sich hindurchzuschieben.

Ich war erst wenige Meter in das Gewirr eingedrungen, da überfiel mich wieder dasselbe bodenlose Gefühl der Trostlosigkeit, wie ich es schon einmal erlebt hatte. Der Ort hatte wirklich etwas Unheimliches an sich. Ich kam mir vor, als wäre ich plötzlich in eine andere Welt versetzt worden — eine Welt aus Dornen und Unkraut, deren unablässiges, kaum vernehmliches Flüstern Unheil und Böses barg.

Ich arbeitete mich weiter vor, und plötzlich war die Schnur zu Ende. Ich schaute nach unten und sah, daß sie sich in einem Dornenbusch verfangen hatte, durchgescheuert und gerissen war. Obwohl ich die Umgebung minutenlang absuchte, konnte ich das abgerissene Ende nicht wiederfinden. Wahrscheinlich hatte Canavan nicht gemerkt, daß die Schnur gerissen war, und zog nun das lose Ende hinter sich her.

Ich richtete mich auf, legte die Hände trichterförmig an den Mund und rief. Aber es war, als ob meine Rufe mir in der Kehle steckenblieben, so dicht umgab mich die düstere Grasmauer. Ich kam mir vor wie jemand, der vom Boden eines tiefen Brunnens nach oben ruft.

Die Stirn in wachsendem Unbehagen gerunzelt, stapfte ich voran. Die Grashalme wurden dicker und härter, und schließlich brauchte ich beide Hände, um mich durch sie hindurchzuarbeiten.

Ich begann am ganzen Körper zu schwitzen; mein Kopf schmerzte, und ich hatte den Eindruck, daß mein Blick immer mehr verschwamm. Ich litt unter der gleichen spannungsgeladenen, fast unerträglichen Bedrückung, wie man sie an einem schwülen Sommertag empfindet, wenn sich ein Gewitter zu-

sammenbraut und die Atmosphäre mit statischer Elektrizität aufgeladen ist.
Außerdem wurde mir mit einem bangen Schock bewußt, daß ich in die Irre gelaufen war und nicht mehr wußte, in welchem Teil des Gartens ich mich befand. Schätzungsweise eine halbe Minute lang versuchte ich mir vernünftig klarzumachen, daß ich mir Sorgen machte, weil ich mich in irgendeinem Hinterhof verirren könnte — und fast hätte ich laut aufgelacht. Fast. Wenn ich nicht gespürt hätte, daß irgend etwas an diesem Ort jedes Lachen verbot. Ich stapfte ernüchert weiter.
Und bald beschlich mich das Gefühl, daß ich nicht allein war. Plötzlich hatte ich die haarsträubende Überzeugung, daß jemand — oder etwas — hinter mir durchs Gras schlich. Ich kann nicht mit Sicherheit sagen, daß ich etwas hörte, aber es ist möglich; jedenfalls war ich mit einemmal fest davon überzeugt, daß irgendein lebendes Wesen in kurzem Abstand hinter mir her kroch oder schlich.
Ich spürte, daß ich beobachtet wurde und daß der Beobachter mir übel wollte.
Einen verzweifelten Augenblick lang erwog ich, Hals über Kopf zu fliehen. Dann packte mich unerklärlicherweise wilde Wut. Ich war plötzlich wütend auf Canavan, wütend auf diesen Garten, wütend auf mich selbst. All meine angestauten Spannungen explodierten in einem Wutausbruch, der die Furcht hinwegfegte. Jetzt, gelobte ich, würde ich dieser unheimlichen Geschichte auf den Grund gehen. Ich wollte mich nicht länger von ihr quälen und frustrieren lassen.
Ich wirbelte überraschend herum und hechtete in das Gras, wo ich das Versteck meines heimlichen Verfolgers vermutete.
Ich hielt jählings inne; mein wilder Zorn wich einem unsagbaren Entsetzen.
In dem schwachen, bronzenen Sonnenlicht, das durch die hohen Halme einfiel, hockte Canavan auf allen vieren wie ein sprungbereites Tier. Seine Brille war verlorengegangen, seine Kleider waren zerfetzt, und sein Mund war zu einer Grimasse

verzerrt, halb Grinsen, halb Zähnefletschen.
Ich stand wie versteinert und starrte ihn an. Seine sonderbar verschwommenen Augen sahen mich voll Haß und ohne den kleinsten Funken des Erkennens an. Sein graues Haar war mit Gras und kleinen Zweigen durchsetzt; sein ganzer Körper, auch die zerfetzten Überreste seiner Kleidung, war übersät damit, als ob er sich wie ein wildes Tier am Boden gewälzt hätte. Nachdem mir der erste Schreck die Kehle zugeschnürt hatte, fand ich endlich die Sprache wieder.
»Canavan!« schrie ich ihn an. »Canavan, um Himmels willen! Erkennen Sie mich denn nicht?«
Seine Antwort war ein leises heiseres Knurren. Seine Lippen schoben sich über den gelblichen Zähnen zurück, und sein kauernder Körper spannte sich zum Sprung.
Nacktes Entsetzen ergriff mich. Ich sprang zur Seite und warf mich in das teuflische Gras, bevor er zupacken konnte.
Die Intensität meines Entsetzens muß mir zusätzliche Kräfte verliehen haben. Ich bohrte mich, Kopf voran, durch die ineinanderverschlungenen Halme, die ich vorher nur mit Mühe beiseite gebogen hatte. Ich hörte das Knacken des Grases und des Unterholzes hinter mir, und ich wußte nur, daß ich um mein Leben lief.
Ich keuchte voran wie in einem bösen Traum. Grashalme peitschten mir ins Gesicht, Dornen ritzten mich wie scharfe Klingen, aber ich spürte nichts. All meine physischen und geistigen Kräfte waren nur auf ein verzweifeltes Ziel gerichtet: Ich mußte hinaus aus diesem satanischen Grasgewirr, weit fort von diesem monströsen Etwas, das mir dicht auf den Fersen war.
Mein Atem ging in heftigen Stößen. Meine Beine wurden schwach, und mir war, als sehe ich durch wirbelnde Lichträder hindurch. Aber ich lief weiter.
Das Ungeheuer hinter mir holte auf. Ich hörte sein Knurren, und ich spürte, wie es nur wenige Handbreit hinter meinen fliehenden Füßen auf dem Boden landete. Und die ganze Zeit

brachte mich das Gefühl vollends zur Raserei, daß ich ständig im Kreis herumlief.
Schließlich – ich war überzeugt, in der nächsten Sekunde zusammenbrechen zu müssen – stieß ich durch ein letztes Dickicht hinaus ins offene Sonnenlicht. Vor mir lag der aufgeräumte Platz hinter Canavans Laden. Und jenseits davon das Haus selbst.
Keuchend und nach Atem ringend, schleppte ich mich zur Tür. Aus irgendeinem Grund, den ich auch heute noch nicht erklären könnte, war ich absolut sicher, daß das Schreckgebilde, das mir auf den Fersen war, sich nicht ins Freie hinauswagen würde. Ich drehte mich nicht einmal mehr um, um mich davon zu überzeugen.
Im Haus sank ich schwach auf einen Stuhl. Mein gehetzter Atem beruhigte sich langsam, aber meine Gedanken blieben weiter in einem Wirbel aus nackter Angst und greulicher Phantasie gefangen.
Canavan, das war mir klar, war völlig wahnsinnig geworden. Ein grausiger Schock hatte ihn in eine tollwütige, raubgierige Bestie verwandelt, die es nach blinder Vernichtung alles Lebenden gelüstete, das ihren Weg kreuzte. Und als ich mich an die seltsam verschwommenen Augen erinnerte, die mich mit einem Funkeln tierischer Wildheit angestarrt hatten, wußte ich, daß er nicht nur vorübergehend um den Verstand gebracht worden war, sondern daß sein Geist endgültig und für immer zerstört war. Die einzig mögliche Erlösung war der Tod.
Aber immerhin war Canavan noch die Hülle eines menschlichen Wesens, und er war mein Freund gewesen. Ich konnte das Gesetz nicht selbst in die Hand nehmen.
Voll böser Ahnungen rief ich die Polizei und einen Krankenwagen.
Was dann folgte, war die Fortsetzung des Wahnsinns und dazu eine Ermittlungsprozedur mit Fragen und Verhören, die mich an den Rand des Nervenzusammenbruchs brachten.

Ein halbes Dutzend stämmiger Polizisten verwendeten fast eine geschlagene halbe Stunde darauf, durch das schwankende Grasfeld zu trampeln, ohne eine Spur von Canavan zu entdecken. Sie kamen fluchend heraus, rieben sich die Augen und schüttelten den Kopf. Sie waren hochrot vor Zorn – und fühlten sich nicht wohl in ihrer Haut. Sie meldeten, daß sie nichts gesehen und nichts gehört hätten, außer einem umherstrolchenden Hund, der sich immer verborgen hielt und sie von Zeit zu Zeit angeknurrt hatte.

Als sie den knurrenden Hund erwähnten, öffnete ich den Mund, um etwas zu sagen, doch dann überlegte ich es mir und schwieg. Sie betrachteten mich auch so schon mit unverhohlenem Argwohn, als glaubten sie, daß auch mein Verstand schon Risse bekommen hätte.

Ich wiederholte meine Geschichte mindestens zwanzigmal, und sie waren immer noch nicht überzeugt. Sie stellten das ganze Haus auf den Kopf. Sie durchsuchten Canavans Geschäftsakten. Sie entfernten sogar ein paar lose Dielenbretter in einem der Räume und sahen darunter nach.

Am Ende kamen sie äußerst unwillig zu dem Ergebnis, daß Canavan infolge eines Schockerlebnisses einen totalen Gedächtnisverlust erlitten und das Anwesen kurz nach der Begegnung mit mir im Garten im Zustand der Amnesie verlassen habe. Meine eigene Beschreibung seines Aussehens und seiner Handlungsweise stuften sie als grausige Übertreibung ein. Mit dem Hinweis, daß ich wahrscheinlich noch weiter zur Sache vernommen und eventuell auch meine Wohnung durchsucht werden würde, erlaubte man mir widerstrebend, mich zu entfernen.

Ihre späteren Untersuchungen und Ermittlungen ergaben nichts Neues, und Canavan wurde als vermißt, vermutlich unter akuter Amnesie leidend, registriert.

Aber ich konnte mich damit nicht zufriedengeben. Ich fand keine Ruhe.

Sechs Monate geduldiger, gründlicher, ermüdender Forschung

in den Archiven und Regalen der örtlichen Universitätsbibliothek förderten schließlich etwas zutage, das ich keineswegs als Erklärung verstanden wissen möchte, nicht einmal als schlüssigen Hinweis, sondern lediglich als phantastische, nahezu undenkbare Möglichkeit, die ich niemand aufdrängen will.

Eines Nachmittags, nachdem meine über Monate andauernden umfangreichen Nachforschungen nichts Bedeutsames ergeben hatten, brachte der Universitätsbibliothekar aus der Abteilung »Seltene Bücher« triumphierend ein kleines zerrissenes Pamphlet in meine Studiernische, das im Jahre 1695 in New Haven gedruckt worden war. Es verzeichnete keinen Autor und trug nur den Titel: *Der Thodt der Hexe Goodie Larkins.* Mehrere Jahre zuvor, so entnahm ich der Lektüre, war ein uraltes Weib namens Goodie Larkins von Nachbarn beschuldigt worden, ein vermißtes Kind in einen wilden Hund verwandelt zu haben. Damals wütete der Salem-Wahn überall im Land, und Goodie Larkins war summarisch zum Tode verurteilt worden. Anstatt sie zu verbrennen, hatte man sie in ein Moor tief in den Wäldern getrieben, wo sieben wütende Hunde, die seit vierzehn Tagen hungerten, auf ihre Fährte gehetzt wurden. Offenbar waren ihre Beschuldiger der Auffassung gewesen, dies sei ein Zug wahrer poetischer Gerechtigkeit.

Als die gierigen Hunde über sie herstürzten, hörten ihre Nachbarn aus dem sicheren Hinterhalt sie einen schrecklichen Fluch ausstoßen:

»Moege das Land, auf dem ich sterbe, sein ein Vorfeld der Hoelle!« hatte sie geschrien. *»Und wer immer es zu betreten waget, soll sein wie diese Bestien, die mich in Stuecke zerreissen!«*

Spätere Studien alter Karten und Grundbücher brachten mich zu der Überzeugung, daß das Moor, in dem Goodie Larkins nach ihrem gräßlichen Fluch von den Hunden in Stücke gerissen worden war, ursprünglich dieselbe Parzelle eingenommen hatte, auf der heute Canavans höllischer Hinterhof lag.

Mehr sage ich nicht. Nur einmal noch kehrte ich an diesen teuflischen Ort zurück. Es war ein kalter, trostloser Herbsttag, und ein scharfer, jammernder Wind rüttelte an den hohen Halmen auf dem unheimlichen Stück Land. Ich kann nicht sagen, was mich dorthin zurücktrieb. Vielleicht war es ein nachwirkendes Gefühl alter Verbundenheit mit dem Canavan, den ich einst gekannt hatte. Vielleicht auch war es ein letzter Fetzen Hoffnung. Aber kaum daß ich den freien Platz hinter Canavans mit Brettern vernageltem Haus betreten hatte, wußte ich, daß es ein Fehler war.

Während ich auf das steif wogende Gras, die kahlen Bäume und die schwarzen, schartigen Dornenbüsche hinausstarrte, hatte ich das Gefühl, ebenfalls beobachtet zu werden, als ob etwas Fremdartiges und zutiefst Bösartiges mich fixierte. Und trotz meiner Angst verspürte ich einen perversen, wahnsinnigen Drang, mich Hals über Kopf in das wispernde Gewoge hineinzustürzen. Und auch jetzt wieder war mir, als sähe ich, wie sich langsam, fast unmerklich, die Dimensionen und Perspektiven dieser monströsen Landschaft veränderten, bis ich schließlich über eine meilenweite Fläche aus wogendem Gras und verfaulten Bäumen hinwegschaute. Irgend etwas drängte mich hineinzugehen, mich in dem herrlichen Gras zu verlieren, mich am Boden herumzuwälzen, mich der unsinnigen Last meiner Kleider zu entledigen und immer weiter zu laufen, unter Heulen und gierigem Geschrei, immer weiter, weiter, weiter ...

Statt dessen machte ich kehrt und rannte davon. Ich lief durch die windigen Herbststraßen wie ein Irrer. Ich taumelte in meine Wohnung und verriegelte die Tür.

Seitdem bin ich nie wieder hingegangen. Und ich werde nie wieder hingehen.

Intuition ist alles

Marguerite Dickinson

Im Sommer, als Dolly Tyler getötet wurde, waren meine Eltern auf einem Vergnügungs- und Geschäftstrip in Argentinien. Dad hatte mir einen Thunderbird zum Examen geschenkt. »Du brauchst dir nicht gleich eine Stelle als Lehrerin zu suchen, Annie«, sagte er. »Amüsier dich!«

Als gehorsame Tochter nahm ich mir ein Zimmer im Potowatomi-Hotel im nördlichen Michigan, wo wir seit Jahren unsere Sommerferien verbrachten. Meine Tage waren eine endlose Folge von Sonnenbaden, Schwimmen, Lesen und Golf. Um die Euphorie perfekt zu machen, verliebte ich mich.

Dan und ich spielten Golf an diesem kapriziösen Augustmorgen. Strahlender Sonnenschein in der einen Minute, mystische Schauer in der anderen – aber was machte das schon? Dan hatte die ersten neun in vierunddreißig Schlägen gespielt, und ich war mit meinen zweiundvierzig nicht unzufrieden. Wir wollten gerade bei Loch Nummer zehn anfangen, als sie mit aufreizendem Hüftenschwenken aus dem Clubhaus kam.

»Da kommt die böse Hexe«, murmelte ich. Dolly war den ganzen Sommer hinter ihm her gewesen.

Sie nickte mir kaum zu, griff sich Dans Arm und zog ihn beiseite. Sie drückte ihm ein rosa Papier in die Hand, das er zerknüllte und, da kein Papierkorb greifbar war, in die Hosentasche steckte.

Dolly Tyler war eine Pastell-Blondine mit milchweißer Haut, und an jenem Tag waren ihre Augen lavendelblau. Sie paßte die Farbe ihrer Kontaktlinsen ihren Kaschmirpullovern an. Sie

spielte so lausig Golf, daß man sich fragte, warum sie sich überhaupt die Mühe machte; aber beim Golf gab es Männer. Sie war verheiratet.
Ich schlug meinen Abschlag von Nummer zehn in den Bunker. Es war ein »Spiegelei«, und ich brauchte zwei Schläge mit meinem Wedge, um den Ball herauszuschlagen. Ich kaute im wahrsten Sinne des Wortes Sand.
»Du wirst dich doch durch ein aufgeblasenes Nichts wie sie nicht im Spiel stören lassen«, sagte Dan.
»Wenn wir jetzt auf der Stelle heirateten«, antwortete ich, »müßten dich diese Raubtierweibchen in Ruhe lassen.« Er sagte nichts. Ich beugte mich vor, um meinen Putt auf dem regendurchweichten Grün zu studieren.
»Den lochst du ein«, kommandierte er, »oder ich knall dir eine.«
Dan Preston war ein Medizinstudent, der im Sommer als Sport- und Freizeitleiter im Hotel arbeitete. Er war groß und kantig, mit einem rauhen, sonnenverbrannten Gesicht und Augen von der Farbe dänischen Porzellans. Ich hatte nicht lange gebraucht, um hinter seiner Schroffheit eine verständnisvolle und weiche Natur zu entdecken. Mein Putt war eine Sache von neun Metern. Er rollte kühn aufs Loch zu, wobei er Miniaturfontänen auslöste, die verschwanden, als der Ball langsamer wurde. Langsamer, noch langsamer und dann das befriedigende *Ponk*, als er ins Loch fiel.
Dan legte mir den Arm um die Schultern, und wir gingen unter schattigen Bäumen zum nächsten Abschlag. Unser Caddie, ein Indianer, marschierte mit den Schlägertaschen vor uns her.
Plötzlich blieb Dan stehen und drehte mich herum, so daß ich ihm ins Gesicht sah. Ich bin einen Meter siebzig groß, aber sogar mit hohen Absätzen muß ich zu ihm aufschauen. »Ich wäre stocksauer«, sagte er, »wenn meine einzige Tochter, eine blauäugige, schwarzhaarige Schönheit, mit einem Typ davonliefe, der sie nicht ernähren kann und den ich nicht einmal kenne.«

»Wir könnten wenigstens unsere Verlobung bekanntgeben.«
»Nicht, bevor du eine Antwort auf dein Telegramm bekommst.«
Dan beugte sich nieder und küßte mich, und der Zauber der bösen Hexe war gebrochen. Jedenfalls solange, bis wir bei Nummer achtzehn waren und ich sie da stehen sah, mit ihrem riesigen Sonnenhut, den sie immer trug; sie wartete . . .

Als wir den Club verließen, hatte es heftig zu regnen begonnen; aber als wir in der Stadt gegessen hatten, eine lange Besorgungsliste für den Hotelmanager erledigt hatten und zum Hotel zurückgefahren waren, hatte es sich wieder aufgeklärt. Vorsichtig stahlen wir uns über die Hintertreppe nach oben – bridgewütige Gäste verfügten oft allzu großzügig über Dans freien Tag –, zogen uns zum Baden um und trafen uns am Strand.
Es hat etwas Beruhigendes, sich im warmen Wasser treiben zu lassen und ab und zu einen Regentropfen auf die Nase zu bekommen. Ich fühlte mich besser, als wir Hand in Hand am verlassenen Strand entlangspazierten. Dunkle Kiefern, die am Hang über uns standen, verdeckten das Hotel und die meisten Sommerhäuser; nur das protzige Chalet der Tylers trat in einsamer Herrlichkeit hervor. Ich dachte an den exzentrischen alten Mr. Tyler und die anämische Puppe, mit der er verheiratet war, und ließ Dans Hand los. »Ihr Mann sollte Dolly in dem Adlerhorst da einschließen und den Schlüssel wegwerfen.«
»Das tut er praktisch auch. Deshalb will sie ja, daß ich ihr helfe.«
»Helfen!« Ich rümpfte die Nase.
»Sie hat ihn ertappt, wie er ihre Telefongespräche mitschnitt.«
»Sehr wahrscheinlich.«
»Wollen mal sehen, wer zuerst am Hotel ist«, sagte er.
Als wir lachend und atemlos ankamen, trafen wir auf Paul Whipple, den Manager, der auf der großen Veranda des altmodischen braunen Gebäudes hin- und herlief. Er stolperte

über einen Schaukelstuhl und fiel beinah in einen Kübel mit weißen Petunien, als er uns sah. »Wo seid ihr gewesen?« rief er, und sein Schnurrbart zitterte vor Aufregung. »Polizeichef Amory will mit euch reden.«

»Weshalb denn?« Während wir die Stufen hochstiegen, griff meine Hand instinktiv nach Dans festem Arm.

»Dolly Tylers Leiche ist vor zwei Stunden in dem Waldstück hinter der Caddie-Bude gefunden worden. Amory verhört das Clubpersonal und jeden, der heute Golf gespielt hat.«

Ich erstarrte. An meinem Hinterkopf fühlte ich ein merkwürdiges Kribbeln, als ob mir jemand eine schwere Dosis Novocain direkt ins Gehirn injiziert hätte. Aber es betäubte nicht die Erinnerung, trübte weder das Bild von Dolly, wie sie dastand und wartete, noch von Dans zweitem Schlag, der in die Bäume flog ...

Ich spürte, wie sich Dans Armmuskeln spannten. Er zog den Ellbogen an und preßte meine Hand warnend gegen seine gebräunten Rippen. Seine blaugrauen Augen, dunkler als sonst, suchten die meinen. »Sag nichts«, warnten sie.

Paul Whipple, ein Junggeselle in den Fünfzigern, hatte ein Apartment auf der Rückseite des Hotels, das er lachend die Kasbah nannte. Über dem Privateingang hing eine flotte, gestreifte Markise. Ein Ventilator auf einem Ständer drehte sich träge in dem heißen Zimmer, wo der Polizeichef von Potowatomi Point auf uns wartete.

Jeff Amory wirkte klein für einen Polizisten, aber das machte er durch Aggressivität und Energie wieder wett. Ohne von dem gelben Sessel aufzustehen, ließ er seine Augen über meinen Körper wandern. »Sie haben sich ganz schön verändert, seit Sie mich vor sechs Jahren beim Golf geschlagen haben.«

Die Tatsache, daß eine Sechzehnjährige besser spielen konnte als er, hatte ihn tief getroffen. Und, wie ich sehen konnte, tat es immer noch weh.

Er fragte nach meinen Eltern, und als ich antwortete, sie seien in Argentinien, sagte er, er habe gelesen, daß mein Vater Di-

rektor von Amalgamated Motors geworden sei, und fügte hinzu: »Eine Art Verletzung der Privatsphäre, so wie die ihre Hunderttausend-Dollar-Gratifikationen veröffentlichen.«
Er beobachtete Dan.
»Sie wollen uns verhören?« fragte Dan.
»Genau. Setzen Sie sich bitte.«
Nachdem Paul Whipple versichert hatte, daß unsere nassen Badesachen dem Kunstleder nicht schaden würden, setzten wir uns aufs Sofa. Whipple ging zu einer transportablen Hausbar und mixte sich einen Scotch mit Soda. Wir übrigen lehnten ab.
Amory sagte: »Dan, ich habe gehört, Sie haben Mrs. Tyler zu Anfang dieses Sommers häufig gesehen. Um es genau zu sagen, bis Miss Blackstone kam –«
Ich unterbrach ihn. »Meine Ankunft hatte nichts zu tun –«
Amory wandte mir sein muskulöses Gesicht zu. »Vielleicht würden Sie lieber gehen und sich umziehen. Ich kann Ihnen später Fragen stellen.«
Ich preßte die Lippen aufeinander und blieb, wo ich war.
Dan gab zu, daß er Dolly Tyler tatsächlich häufig gesehen habe, nicht aus eigenem Antrieb, sondern weil ihr Mann ihn gebeten hatte, mit ihr Golf zu spielen, Wasserski zu fahren und sogar mit ihr tanzen zu gehen, drüben im Par Four, wo die jungen Leute der Gegend verkehrten. »Es war unangenehm«, sagte Dan, »aber da Mr. Tyler Vorsitzender der Gesellschaft ist, die das Hotel betreibt, und ich Freizeitleiter bin, konnte ich es nicht ablehnen.«
»Es scheint, daß Sie es regelmäßig ablehnten, sobald Miss Blackstone auf der Bildfläche erschien.«
Dan runzelte die Stirn. »Weil Dolly mir erzählte, daß sich ihr Mann verändert habe. Er führte sich plötzlich so eifersüchtig auf, daß sie Angst vor ihm bekam. Ich war froh, von ihr loszukommen.«
Im Zimmer war es heiß und stickig. Ich fühlte mich eingeschlossen, und das Atmen fiel mir schwer. »Das hört sich an, als ob jemand Dan als Sündenbock brauchte«, sagte ich. »Ha-

ben Sie Mr. Tyler verhört?«
Amory gab ein müdes Schnauben von sich. »Natürlich! Er hat mit Paul Whipple zur Mordzeit in der Algonquin-Grillbar zu Mittag gegessen. Tyler kam dort um 12.05 Uhr an, das hast du doch gesagt, Paul?«
Der Manager, der seinem Drink noch einen Schuß Scotch zufügte, drehte sich nicht um. »Auf die Minute.«
»Der indianische Caddie, der euch jungen Leuten die Taschen getragen hat«, fuhr Amory fort, »sagte, er habe Mrs. Tyler zuletzt lebend gesehen, als sie auf das Waldstück zusteuerte, wo Dan auf der Suche nach seinem Ball verschwunden war. Der Caddie sagte, er konnte nicht suchen helfen, weil Sie, Miss Blackstone, im Rough auf der anderen Seite des Fairway Schwierigkeiten hatten. Es kam ihm seltsam vor, daß Mr. Prestons Ball so in die Bäume flog. Er sagte, es sei das erste Mal gewesen, daß er bei Mr. Preston einen Slice gesehen habe. Einen Hook ja, aber keinen Slice.«
Der Ventilator surrte und drehte sich hin und her, wie ein riesiges Gesicht, das uns beobachtete. Ich hatte ein komisches Gefühl im Magen.
»Diese Indianer sind gute Caddies«, sagte Amory, »ruhig, aufmerksam –« Er machte eine kurze Pause und sagte dann: »Dan, was hat Mrs. Tyler Ihnen in die Hand gesteckt, als Sie bei Nummer zehn aufs Abschlagen warteten? Was war es?«
»Wir brauchen diese Fragen nicht zu beantworten«, hörte ich mich mit zitternder Stimme sagen.
»Laß mich das machen.« Dans Stimme klang ärgerlich. »Sie werden es mir nicht glauben, Sir, aber diesen Zettel hatte ich völlig vergessen. Er ist noch in meinem Zimmer, zusammengeknüllt in meiner Hosentasche.«
»Sie haben nur zu dreißig Prozent Recht, mein Sohn.« Amory zog ein zerdrücktes rosa Papierknäuel aus seiner Tasche. Nachdem er es glattgestrichen hatte, beugte er sich über den Kaffeetisch und reichte es mir.
Ein braunes Tulpenmuster zog sich über das rosa Briefpapier.

Nach seinem zackigen oberen Rand zu schließen, war es von einem Block abgerissen worden. »Lieber Dan. Ich kann es nicht länger ertragen. Ich will nach Kalifornien, wie Du gesagt hast. Ich muß Dich hinter der Caddie-Bude treffen, wenn Du Dein Spiel beendet hast. *Es ist besser, wenn Du kommst.* Ich meine es ernst. Dolly.«

Dan las über meine Schulter mit und stand auf, die nackten Füße fest auf dem Boden, das weiße Handtuch über seiner Brust drapiert wie die Toga eines Märtyrers. »Ich habe den Fehler gemacht«, sagte er, »ihr von meinem Onkel in Beverly Hills zu erzählen. Er holt tolle Abfindungen für seine Scheidungsklienten in Hollywood heraus. Dolly bat mich, mit ihm Kontakt aufzunehmen. Sie sagte, Tyler würde sich sofort von ihr scheiden lassen, wenn sie sich mit lächerlichen zehn- oder fünfzehntausend zufrieden gäbe, aber nach fünfjährigem Zusammenleben mit dem alten Bock wollte sie nicht –«

»Also«, griff Amory ein, »kamen Sie überein, die Sache mit Ihrem Onkel zu arrangieren. Später hätten Sie sich getroffen, und sie hätte Ihnen eine Praxis eingerichtet –«

»Verzeihung, Sir, aber das muß ein Witz sein!«

»Und dann fand sich ganz plötzlich eine andere Gelegenheit. Sie erkannten, daß ein schwerreicher Schwiegervater bessere Sicherheit bot als ein überdrehtes Weib. Aber Dolly wollte Sie nicht gehenlassen. Sie war den ganzen Sommer hinter Ihnen her. Und als sie Ihnen heute mittag ins Gehölz folgte – wohin Sie Ihren Ball absichtlich verschlagen hatten, damit Sie sie treffen und ihr ein für allemal sagen konnten, daß Sie es satt hatten –, da wollte sie nicht hören. Sie wußten, daß sie Ärger, großen Ärger machen wollte, und Sie verloren Ihre berühmte Ausgeglichenheit. Alle, mit denen ich gesprochen habe, sagen, daß Sie nicht der Typ sind, der sich herumstoßen läßt. Sie verloren die Beherrschung *und* Ihren kühlen Kopf. Sie erwürgten sie. Dann schlugen Sie ihr, um ganz sicher zu gehen, mit ihrem eigenen Eisen 9 den Schädel ein.«

Dan sah wie betäubt aus. »Nein! Das ist nicht wahr!«

»Aber Sie haben sie doch gesehen und mit ihr gesprochen – dort im Wald?«

Ich schnappte nach Luft wie ein Fisch auf dem Trockenen und kam auf die Füße. »Einen Moment!«

»Klar habe ich mit ihr gesprochen«, antwortete Dan Amory, »aber als sie anfing, mir von einer Menge komischer Sachen zu erzählen, die sie gegen ihn in der Hand hatte, und behauptete, daß die letzte Hausangestellte, die er rausgeschmissen hatte, vor Gericht aussagen wollte –«

»Halt endlich den Mund!« schrie ich. »Solange Polizeichef Amory dich nicht zum formellen Verhör aufs Präsidium bringt, hat er keine rechtliche Grundlage, dich zu –«

Amory starrte mich an; seine Backenmuskeln arbeiteten. »Da ist was dran, Miss. Sie ziehen sich besser etwas über, mein Sohn.«

Dan sah mich nicht einmal flüchtig an, als er hinausging. Wie vom Donner gerührt rannte ich hinter ihm her. Draußen räkelte sich ein Polizist an der braunen Hauswand und rauchte eine Zigarette.

Dan drehte sich um, als ich hinter ihm angerannt kam. »Ich möchte«, sagte er mit leiser, eindringlicher Stimme, »daß du so tust, als ob wir nur gute Freunde sind, nicht mehr.«

»Aber ich –«

»Tu, was ich sage! Denk an das Aufsehen –«

»Ich schere mich einen Dreck um das Aufsehen. Ich komme mit dir.«

Er packte meine Arme und schüttelte mich; der Druck seiner Finger war hart und schmerzhaft. »Nein!« Der Polizist ließ seine Zigarette fallen und kam, die Hand am Halfter, auf uns zu. Dans Flüstern war eindringlich. »Das ist kein Kinderspiel. Halt dich raus, sonst kriegst du was ab.«

Es wurde bald klar, daß auch Amory mich nicht im Präsidium haben wollte. Als ich zur Kasbah zurückkehrte, stellte er ein paar Routinefragen, dann sagte er, daß ich, da der Zeitpunkt des Mordes an Dolly durch den plötzlichen starken Regen-

schauer genau festgelegt war, durch Aussagen des Caddies und einer Angestellten im Frauenumkleideraum automatisch ein Alibi hätte.
Als er fort war, sank ich auf die Couch und fing an zu weinen; Tränen rollten mir über die Wangen.
Paul Whipple gab mir eine Schachtel mit Papiertaschentüchern. »Großartig, Anne. Du hast deinen Freund dem Polizeichef auf einem silbernen Tablett überreicht, mit komplettem Motiv.«
»Motiv?«
»Du hast doch gehört, daß Amory was von einem reichen Schwiegervater sagte. Wenn du deine Gefühle nicht so stark zeigtest, würde das Dan mehr nützen als dieses ganze Theater. Jedesmal, wenn du den Mund aufgemacht hast, hat Amory neue Munition bekommen.«
Ich saß da und kam mir ziemlich idiotisch vor. Das hatte Dan also gemeint ...
»Ich lasse dir dein Abendessen hier servieren, Anne.«
»Nein danke, Paul. Ich will mich nicht in den Ecken herumdrücken, als ob ich mich über etwas schämen müßte.«
Aber nachdem ich geduscht und ein blaues Leinenkleid angezogen hatte, wäre ich doch lieber in meinem Zimmer geblieben. Durch die Chintzvorhänge beobachtete ich, wie späte Gäste den Zementweg von ihren Ferienhäusern zum Hotel entlangschlenderten. Das aufgeregte Stimmengewirr bedeutete natürlich, daß alle über den Mord redeten.
Als ich schließlich den holzgetäfelten Speisesaal betrat, war er beinahe leer. Allerdings nicht ganz. Mr. Tyler, ein massiver Klotz im weißen Anzug, ließ den Tisch für zwei Personen, den er mit seiner Frau geteilt hatte, klein erscheinen. Er stand auf und bat mich, bei ihm Platz zu nehmen. Ich war zu erstaunt, um mir eine Ausrede auszudenken.
»Ich habe schon zu Abend gegessen«, sagte er, »aber wenn Sie meine Zigarre nicht stört —« Ohne auf eine Antwort zu warten, zündete er sich eine an. Sein strohblondes Haar ging in weiß über, und die durch die farblosen Wimpern glitzernden

kleinen Augen erinnerten mich an einen Eisbären. »Die Sache mit Dan hat Sie wohl ganz schön mitgenommen?«
Ich nickte.
»Ich glaube nicht, daß er es war«, sagte Mr. Tyler.
Ich starrte ihn an.
»Ich kenne den Jungen schon seit einiger Zeit. Ich bewundere seinen Mumm. Deshalb habe ich ihm ja zu Hause einen Nebenjob besorgt, und auch den Sommerjob hier. Deshalb habe ich ihm geholfen, ein Stipendium für sein Medizinstudium zu bekommen. Es war nicht seine Schuld, daß Dolly dachte —« Er nahm den Stift, der neben seiner Rechnung auf dem Tisch lag. »Ein Arbeiter — ein Landstreicher — oder einer der Caddies könnte der Mörder gewesen sein. Dolly wußte nicht, wie aufreizend sie in ihren hübschen Kleidern wirkte.« Die kleinen Augen wurden rot. »Für ihre Kleider gab sie eine Menge Geld aus.« Er studierte die Rechnung.
Ferienhausgäste unterschrieben für alle Mahlzeiten im Hotel eine Rechnung. Wenn sie es nicht anders bestimmten, wurden ihnen zwanzig Prozent Trinkgeld für die Kellnerin berechnet. Mr. Tyler bestimmte es anders. Er schrieb zehn Cent auf.
Ich sah hastig weg, als er sich zu mir beugte. Ich spürte einen Hauch Zigarrenrauch und dann eine feuchte Hand auf meiner. Graue Haare sahen unter dem weißen Jackenärmel hervor. »Lassen Sie sich von einem alten Golffreund Ihres Vaters einen Rat geben! Halten Sie sich aus der Sache raus. Das Aufsehen würde Ihrem Vater schaden, und Dan würde es nichts nützen. Jeff Amory werde ich übernehmen. Er ist mir einiges schuldig. Ich bin sicher, daß ich ihn von der Unschuld Ihres Liebhabers überzeugen kann.«
Mit meiner freien Hand griff ich nach einem Glas Wasser. Ich hatte eine Gänsehaut. »Er ist nicht mein Liebhaber«, brachte ich heraus. Dann kam mein kaltes Roastbeef mit Kartoffelsalat. Mr. Tyler tätschelte mir die Hand und stand auf. Während ich seinem massiven weißen Rücken nachsah, fragte ich mich, wie sehr wohl Jeff Amory diesem wohlhabenden und

einflußreichen Mann verpflichtet war.
Ich schob den Teller beiseite, trank meinen Eistee und ging dann in die Halle, froh, sie bis auf den Mann am Empfang leer zu finden. Mein Ziel war der Flügel im hinteren Teil des Hotels, wo in der Saison das Hilfspersonal wohnte.
Zwei Collegestudenten, mit denen Dan und ich oft ausgegangen waren, spielten im Freizeitraum Tischtennis. Ich fragte nach Neuigkeiten über Dan.
»Sie haben ihn noch nicht richtig eingelocht«, antwortete Bruce, der gerade den Aufschlag hatte, »aber soviel ich weiß, halten sie ihn vorläufig für vierundzwanzig Stunden fest.«
Ich bekam ein flaues Gefühl im Magen und mußte schlucken, als ich mich an Nan wandte. »Wir müssen ihm helfen. Kennst du jemand, der eine Affäre mit Dolly gehabt haben könnte?«
Sie lachte nervös auf. »Im vergangenen Sommer ist sie in die Kasbah geschlichen, beinah jede –« Der Zelluloidball knallte auf ihre Tischhälfte, und sie mußte sich ducken.
»Wenn du eine Aussage zu machen hast«, riet Bruce, »dann solltest du das besser bei Polizeichef Amory tun.«
Obwohl es erst kurz nach acht war, als ich in mein Zimmer zurückkam, zog ich mir einen Schlafanzug an, schlug die Decke zurück, kroch ins Bett und machte das Licht aus. Dann lag ich da und lauschte dem entfernten Rauschen der Wellen, die auf den Sandstrand rollten. Stimmen von der Veranda unter meinem Fenster mischten sich mit dem Quietschen der altmodischen Kettenschaukel. War der Mörder jetzt da unten und lachte sich ins Fäustchen? War es richtig, daß meine Einmischung Dan eher schadete als nützte? Ich dachte daran, daß er jetzt hinter Gittern hin- und herlief, und wußte, daß ich nicht aufhören würde, mich einzumischen. Eines der Alibis, die jeder außer Dan zu haben schien, konnte nicht stimmen; das mußte ich herausbekommen.
Um sieben am nächsten Morgen parkte ich mein Auto auf dem leeren Parkplatz am Golfclub. Meine Schuhe hinterließen eine dunkelgrüne Spur im taubedeckten Gras. Trotz der tropi-

schen Atmosphäre fröstelte ich und wünschte, ich hätte etwas Wärmeres angehabt als Shorts und passende Bluse. Ich ging auf die Stelle zu, wo man Dollys Leiche gefunden hatte.

Die Caddie-Bude war verschlossen, aber die Tür des nahegelegenen Geräteschuppens war nur angelehnt. Ich sah vorsichtig hinein. Im trüben Licht zeichneten sich zwei Traktoren ab; ihre sperrigen Anhänger standen abgekuppelt daneben. An dem Wandbrett über einer Werkbank hingen Werkzeuge in ordentlichen Reihen.

Ich ging zu dem Weg zwischen den flachen grünen Gebäuden zurück und begann, den feuchten Boden Zentimeter für Zentimeter abzusuchen; hier war, nach Amory, Dollys Leiche entlanggeschleift worden. Die Mordzeit hatte er deshalb genau festlegen können, weil der Mörder die Leiche unter die tiefhängenden Zweige einer norwegischen Rottanne geschoben hatte, bevor der Regen so heftig geworden war, daß er auch diese geschützte Stelle durchnäßt hatte.

Gerade als es gestern zu gießen anfing, waren Dan und ich von dem Parkplatz des Clubs weggefahren.

Ich kniete neben dem riesigen Baum, hob die unteren Zweige und ließ die rostbraunen Nadeln prüfend durch die Finger gleiten. Ich fand nichts. Ich hörte ein Auto und rannte in den Geräteschuppen. Dort war es dunkel und feucht; es roch nach Öl und feuchter Erde. Schaudernd machte ich mir klar, daß der Mörder genau an derselben Stelle wie ich, bei angelehnter Tür, gestanden haben und alles, was Dan und Dolly gesagt hatten, gehört haben konnte.

Meine Muskeln spannten sich, als eine Wagentür zugeworfen wurde. Sekunden später kam der fette Platzgärtner mit einer Ölkanne in den Schuppen. Sein üblicher geplagter Gesichtsausdruck verwandelte sich in Angst, als ich vortrat. »Ich wollte Sie nicht erschrecken«, sagte ich, »aber ich würde gern wissen, ob Sie gestern Mr. Tyler hier in der Nähe gesehen haben —«

»Miss Blackstone!« Seine Augen waren anklagend, sein Mund verdrießlich. »Ich habe den Auftrag, die Leute fernzuhalten, bis die Polizei einen Mann herschickt.« Er stellte die Ölkanne auf die Werkbank und ging zur Tür hinaus. Ich folgte ihm.

»Nur ein paar Fragen.«

»Die werden Sie der Polizei stellen müssen.« Er ging, so schnell es seine kurzen Beine erlaubten, zu einem alten blauen Auto und schloß den Kofferraum auf. »Ich soll mit *niemand* über den Mord sprechen. Sie hätten die Leute sehen sollen, die sich hier gestern abend herumgedrückt haben. Als ob es nicht schon reicht, daß ich keine vernünftige Hilfe kriegen kann. Jedesmal, wenn ich mich umdrehe, beklagt sich jemand.«

»Sie kennen mich doch schon lange«, sagte ich. »Sie können mir vertrauen —« Ich brach ab und zog die Stirn in Falten, als ich sah, was er im Kofferraum hatte. »Ist das nicht der Golf-Scooter, den Mr. Tyler verkaufen wollte?«

»Nein.« Der Gärtner machte eine verächtliche Mundbewegung. »Den hier habe ich für die Hälfte des Preises, den er für seinen haben wollte, aufgegabelt. Jetzt will er dem Vorstand einreden, daß ich gar keinen Scooter brauche. Aber durch die Zeit, die ich damit spare, macht er sich schnell bezahlt.«

Schweratmend zog er den Scooter aus dem Kofferraum, und ich half ihm, ihn auf den Boden zu setzen. »Ich kann meine Jungs überall auf dem Platz in Sekunden erreichen«, sagte er. »Hatte ihn gerade bei Shortie zur Inspektion. Mit diesem Ding komme ich schneller dahin als mit meinem Wagen — in genau einer Minute.«

»Den ganzen Weg zu Shortie?«

Er zeigte auf eine schmale Öffnung zwischen den Bäumen. »In der letzten Woche haben wir einen Weg direkt zu Shortie gerodet. Wenn man die Landstraße benutzt, hat man zwei Halteschilder an den Kreuzungen und muß um die Middlebury-Plantage herumfahren. Das dauert viereinhalb Minuten. Wie ich dem Vorstand sagte, dreieinhalb Minuten klingt vielleicht nicht viel, aber wenn man vier bis fünf Mal wegen Material rüberfährt —«

Ich hörte ihm nicht zu. Ich hörte auf den Computer, der in

meinem Gehirn klickte. »Hat Mr. Tyler seinen Scooter noch?«
»Weiß ich nicht«, sagte der Gärtner kurz angebunden. »Wenn Sie mich jetzt entschuldigen —«
Das Alibi für Whipple und Tyler hing an Sekunden, dachte ich, als ich zu meinem Auto zurückging.
Shorties Betrieb ist in der Nähe des Hotels. Er liegt an der Kreuzung, wo man rechts zur Landstraße nach Potowatomi Point oder links zum Hotel abbiegt. Er hat eine Tankstelle mit Werkstatt und Ferienhäuser, die er wochenweise vermietet. Ich blieb eine halbe Stunde dort und fuhr dann in die Stadt.
Polizeichef Amory sah mich, als ich das Rathaus betrat. Er winkte mich zu sich, bot mir einen Stuhl neben seinem Schreibtisch an und sagte mir, daß Dan mit seinem Anwalt beim Richter sei, um die Kaution festzusetzen.
»Ich bin nicht gekommen, um Dan zu sehen. Mr. Tyler hat seine Frau getötet, und ich kann es beweisen.«
Er sank in seinen Stuhl und lächelte wie jemand, der auf eine faule Olive gebissen hat. Aber er zog ein Notizbuch aus der Schublade und sagte: »Okay; geben Sie mir die Fakten.«
»Nach Ihrer Meinung ist es unmöglich, daß Mr. Tyler zur Mordzeit im Golfclub war und Paul Whipple zur angegebenen Zeit in der Algonquin-Grillbar traf. Aber was ist, wenn Tyler in einer Lichtung bei Shorties leeren Ferienhäusern geparkt und eine direkte Abkürzung zum Club genommen hat?«
»Ich habe einige Male auf dem Platz gespielt«, Amorys Ton war unfreundlich, »und glauben Sie mir, es gibt keine Stelle, an der Tyler hätte durchkommen können, ohne gesehen zu werden. Bevor der heftige Regen anfing, waren an jedem Loch Spieler. Ein Rennläufer hätte nicht rechtzeitig zur Mordstelle und zurück laufen können, ganz zu schweigen von einem Zweizentnermann.«
»Doch, wenn er einen Motor-Scooter benutzte«, sagte ich. »Mr. Tyler hat einen. So einen, der in den Kofferraum paßt, wenn man den Steuerknüppel abschraubt. Wenn er mit dem über den neuen Weg zwischen Shortie und dem Club fuhr —

Sie wissen doch von dem neuen Weg, den der Platzgärtner gerodet hat?« Das Aufflackern seiner Augen sagte mir, daß er nichts davon wußte. »Eine Minute bis zum Schuppen – er konnte seinen Scooter direkt reinfahren –«

»Natürlich«, Sarkasmus unterstrich die Worte, »waren keine Arbeiter am Schuppen!«

»Es war Mittag. Die Leute hören Punkt zwölf auf zu arbeiten und nehmen ihr Essen mit rüber zu den Picknicktischen. Eine Minute für Tyler, um von der Stelle, wo er seinen Wagen versteckt hatte, zum Schuppen zu kommen, und etwa vier oder fünf Minuten, in denen er wartete und Dolly und Dan belauschte. Dann, als Dan gegangen war, sprang Tyler hinaus, tötete sie, zerrte die Leiche – Sie sagten selbst, das könne in zwei bis drei Minuten geschehen sein –, zerrte also die Leiche unter die norwegische Rottanne, sprang auf seinen Scooter und war in einer Minute wieder bei seinem Auto und unterwegs zu Whipple.«

Amory schrieb hastig in sein schwarzes Notizbuch. Er hörte auf, studierte seine Notizen und sah mich dann über den Schreibtisch hinweg an. »Aber auch dann –«

Ich war darauf vorbereitet. »Sie wollen sagen, daß er irgendwo neun bis zehn Minuten Luft gehabt haben müßte.«

»Genau; ich habe drei Leute, die in ihren Aussagen übereinstimmend die genaue Zeit festgelegt haben, in der Mr. Tyler sein Haus verließ, um Whipple im Algonquin zu treffen.«

»Aber für den genauen Zeitpunkt, an dem Tyler dort eintraf, haben Sie nur Paul Whipple als Zeugen.«

Amory kniff die Augen zusammen. »Wollen Sie Whipple beschuldigen, in die Sache verwickelt zu sein?«

»Nein, aber wenn Tyler fest behauptet hat, daß sie sich zu einer bestimmten Zeit getroffen haben, und Paul nicht ganz sicher war, würde er Tyler zustimmen. Vor allem, da er nicht wollte, daß seine Affäre mit Mrs. Tyler im letzten Sommer durch eine Untersuchung herauskäme.« Ich sah an Amorys Gesichtsausdruck, daß er das alles wußte.

Er starrte auf seine Notizen, dann wieder auf mich und lächelte unfreundlich. »Wie Sie es sehen, könnte Tyler also neun oder zehn Minuten gewonnen haben. Sie würden nicht noch weitergehen und zwanzig oder dreißig Minuten erklären wollen?«
»Was soll das heißen?«
»Ihre Theorie klingt großartig, aber wie, zum Teufel, konnte Mr. Tyler die Sache auf die Sekunde genau planen? Wie konnte er *genau* die Zeit und den Ort wissen, an dem Ihr Freund und seine Frau sich treffen wollten?«
Als ich erkannte, was seine Frage bedeutete, preßte ich meine schwitzigen Hände gegen die harte Schreibtischkante. Ich hielt mich dort fest und konnte einige Sekunden nicht sprechen. Dann sagte ich: »Er hätte im Club anrufen und feststellen können, wann wir beim achtzehnten Loch ankommen mußten. Er wußte, daß Mrs. Tyler Golfunterricht hatte.«
»Nein, meine Liebe! Dieser Golfunterricht war ein plötzlicher Entschluß. Sie wollte ursprünglich zum Friseur. Tyler verbrachte den Vormittag mit einem Farmer, dessen Anwesen die Gesellschaft kaufen will. Er und Paul wollten den Vertrag nach dem gemeinsamen Essen in der Stadt durchgehen. Mr. Tyler hat nicht im Club angerufen, und er hat auch nicht beim Friseur angerufen. Er konnte also auf keinen Fall wissen, daß seine Frau ihre Pläne geändert hatte.«
Ich stand auf und versuchte, nicht zu weinen. »Tut mir leid, daß ich Ihre Zeit verschwendet habe.«
»Ganz und gar nicht. Ich werde das mit dem Motor-Scooter nachprüfen. Nicht, daß es von Bedeutung wäre —« Er klopfte ungeduldig mit dem schwarzen Notizbuch auf seinen Schreibtisch.
»Wann?«
Sein Gesicht schien flach zu werden. »Vielleicht sollte ich Sie in Schutzhaft nehmen. Sehen Sie nicht so schockiert aus. Es steht zwar nur eins zu tausend, daß Sie im Recht sind und wir den falschen Mann haben, aber ich möchte doch nicht, daß Ihr

sogenannter Mörder mir noch eine übel zugerichtete Frauenleiche präsentiert.«

Ich ging ins Hotel zurück, versuchte zu essen, sagte höflich, daß ich nichts wüßte, wenn Leute nach Dan fragten, zog mir dann meinen Badeanzug an und ging zum Strand.

An den Holzstufen, die zum Wasser führten, mußte ich den starken Drang bekämpfen, auf den Zementweg abzubiegen, der sich von einem Privathaus zum andern schlängelte und schließlich am snobistisch isolierten Haus der Tylers endete.

Ich suchte mir eine einsame Stelle am Strand und legte mich auf mein Handtuch. Der Sonnenschein malte abstrakte hellrote Muster auf meine geschlossenen Lider. Ich fühlte mich leer und völlig hilflos. Ich konnte nichts tun als abwarten, dabei brannte ich darauf, in Tylers Garage nachzusehen, ob der Scooter da war. Ich wollte in seinem Haus nach blutbefleckten Kleidern suchen, nach Briefen – nach *irgend etwas*, das mir helfen konnte, Dan freizubekommen.

Aus dem Augenwinkel sah ich eine Bewegung, und ich drehte den Kopf. *Unmöglich!* Ich starrte die schwere Gestalt in faltiger brauner Badehose an. Ich konnte mich nicht erinnern, wann ich Mr. Tyler zuletzt am Strand gesehen hatte, und dann *niemals* vor Sonnenuntergang. Er trug ein Schlauchboot, ging, ohne nach rechts oder links zu sehen, ins Wasser, kroch dann auf das Boot und begann, ins tiefere Wasser hinauszupaddeln.

Ich hörte einen tiefen Atemzug und merkte, daß ich die Luft angehalten hatte. Ich hob mein Handtuch auf und ging bis zu der Treppe, die ins Hotel führt. Du bist übergeschnappt, sagte ich mir. Aber als ich am Zementweg war, bog ich nach rechts ab; ich zwang mich, langsam zu gehen, und passierte ein Haus nach dem anderen. Ich sah niemand. Als ich an die Treppe kam, die zum Haus der Tylers führte, schlich ich gebückt wie ein Dieb weiter. Durch die Bäume konnte ich das Boot weit draußen in der Bucht sehen und auch den vagen Umriß darauf.

Ich begann zu rennen. Die Garage war hinter dem Haus, am Ende einer Straße, die am Hang entlangführte. Zwei Autos standen darin; beide Kofferräume waren verschlossen. Natürlich keine Schlüssel. Ich ging zur Rückseite des Hauses. Eine zweiteilige Tür führte in die Küche. Die obere Hälfte stand offen. Ein leeres Haus hat dieselbe nichtsahnende Verletzlichkeit wie ein Mensch, den man beobachtet, ohne daß er es weiß. Ich drehte den Türgriff und ging eilig durch die Küche ins Wohnzimmer mit der Eßecke. Die Aussicht aus dem Fenster war überwältigend. Weit unten erstreckte sich die Bucht. Leer.

Kriminologen behaupten, daß manche Leute Verbrechen begehen, weil es ihnen Spaß macht. Wenn mein trockener Mund, mein laut klopfendes Herz und meine feuchten Hände das waren, was sie unter Spaß verstanden, sollten sie es einmal probieren! Dann kam das Boot in Sicht, ein winziger Fleck auf blaugrünem Wasser.

Ich musterte den Raum, in dem ich war. Ich suchte auf jedem Möbelstück nach Wagenschlüsseln und öffnete jede Schublade. Kein Glück.

Tylers Schlafzimmer war in düsteren Braun- und Schwarztönen gehalten. Der Geruch der kalten Zigarren, die in einem kupfernen Aschenbecher lagen, ließ mich schwer schlucken. In seiner Schreibtischschublade fand ich Schnüre, zusammengefaltete Papiertüten, teilweise benutztes Papier — sogar ein paar gebrauchte Blätter Kohlepapier von ungewöhnlichem Format —, aber keine Briefe, keine Notizen, keine Schlüssel. Auch in den Kleidern, die im Schrank hingen, fand ich nichts.

Ich rannte wieder an das große Fenster. Das Boot schwamm immer noch weit draußen. Ich redete mir ein — es war schwer, aber ich schaffte es —, daß Tyler zu geizig war und zu große Angst hatte aufzufallen, um das Boot auf dem Wasser zurückzulassen und an Land zu schwimmen.

Als nächstes nahm ich mir Dollys Zimmer vor; es war ganz in rosa, mit einer Frisiertoilette voller glitzernder Kristallgefäße.

Auf dem kleinen Schreibtisch war nur ein Telefon, natürlich rosa, und der rosa Schreibblock mit dem Tulpenmuster, von dem die Nachricht für Dan abgerissen worden war. Ich hielt ihn eifrig gegen das Licht, sah aber keine durchgedrückte Schrift, die Mr. Tyler hätte entziffern können.
Ich war so enttäuscht, daß ich den Block schluchzend wieder hinwarf. Er rutschte vom Schreibtisch auf den Fußboden. Als ich ihn aufhob, sah an der Seite etwas Dunkles heraus. Es war ein kleines Stück Kohlepapier, das unter dem dritten Blatt steckte und offenbar so zurechtgeschnitten war, daß es nicht auffiel.
Ich versuchte, meinen aufsteigenden Jubel zu unterdrücken, und rannte wieder in Mr. Tylers düsteres Zimmer. Das Stück Kohlepapier in meiner Hand paßte genau zu den gebrauchten Stücken in seiner Schublade. Jetzt hätte ich sofort aus dem Haus verschwinden sollen. Aber mir fiel der Handspiegel auf Dollys Frisiertisch ein. Ich setzte mich auf einen plüschbezogenen Hocker und stellte fest, daß ich im Handspiegel die Worte ohne Schwierigkeiten lesen konnte, wenn ich das Stück Kohlepapier schräg in das Licht vom Fenster hinter mir hielt. Da stand einige Male »Lieber Paul, Lieber Bruce« und schließlich »Lieber Dan. Ich kann es nicht länger —« Etwas trat mir ins Licht. Ich hob den Kopf und sah in den großen Spiegel über Dollys Frisiertisch.
Wie konnte sich eine so riesige Kreatur mit solcher Geräuschlosigkeit bewegen? Er sah mehr denn je wie ein Eisbär aus. Hellgraue Haare wuchsen auf seiner Brust und sogar auf den breiten Schultern. Die weißbewimperten Augen starrten auf das Kohlepapier in meiner Hand. Dann sah er auf; sein wissender Blick traf meine Augen im Spiegel.
Der Hocker fiel um, als ich aufsprang. Er stieß ihn weg und preßte seinen harten Leib gegen meinen Rücken, während er einen Arm um meine Taille legte. Ich wollte schreien, aber seine andere Hand war schon auf meinem Mund und hielt mir mit Daumen und Zeigefinger die Nase zu. »Aber, aber«, sagte

er, als ich nach ihm schlug, »wir wollen doch keine Kratzer an Ihnen und an mir auch nicht.«
Ich bewegte meinen Kopf heftig hin und her, um Luft zu bekommen. »Atmen Sie tief durch«, sagte er überraschend und nahm die Hand von meinem Mund. Als ich hastig einatmete, spürte ich, wie er sich zurücklehnte und mich aufhob. Ich fing an zu schreien. Er drückte mich abrupt an sich. Ich hatte das Gefühl, daß meine Rippen mein Rückgrat berührten. Der Schrei wurde zu einem jämmerlichen Nichts, als die Luft aus meinen Lungen zischte.
Es folgte ein Alptraum von Bewußtlosigkeit und Bewegung, von Übelkeit, vom Kampf gegen glatte Seide, die mich zu einer Mumie verschnürte. Der Duft von Dollys Parfüm haftete an dem Kissen, das er auf mein Gesicht drückte, und ich drehte und wendete mich, um Luft zu kriegen. Dunkelheit, holpernde Bewegung. Dann spürte ich die Vibrationen eines laufenden Motors. Ich war in einem engen Raum, noch immer verschnürt wie eine Mumie, aber das Kissen war zum Glück verschwunden. Ich atmete in tiefen Zügen die vergiftete Luft ein, ehe mir klar wurde, was das bedeutete.

»Ihre Farbe ist gut«, sagte Dan. »Nichts gebrochen.«
Ich hörte das leise Rauschen von Kiefern im Wind, dann Schritte auf dem Kies. Ich konzentrierte mich auf die herrliche Beschäftigung des Atmens, bevor ich langsam die Augen öffnete. Dans Gesicht war über mir, und ich merkte, daß ich im Gras lag; mein Kopf war in seinem Schoß.
»Mr. Tyler –«, begann ich, meine Stimme am Rande der Hysterie.
»Alles in Ordnung, Liebling«, sagte Dan sanft. »Man hat ihn schon zur Polizei gebracht.«
»Aber das Kohle –«
»Sie haben nur wenig Kohlenmonoxyd abbekommen«, sagte eine andere Stimme. Zwei graue Hosenbeine kamen in Sicht. »War schon ein Glück«, fuhr Polizeichef Amory fort, »daß Sie

mir wegen dem Motor-Scooter auf die Nerven gegangen sind. Sonst hätte ich mich nicht entschlossen, heute nachmittag danach zu suchen. Als ich Tyler traf, wie er aus seiner Garage fahren wollte, habe ich darauf bestanden, daß er den Kofferraum öffnete.«

»Das Kohlepapier!« Ich richtete mich nühsam auf. Als ich die Sache erklärt hatte, sagte Amory: »Auch wenn wir das Papier nicht finden sollten, wird Tyler es ganz schön schwer haben, einer Jury zu erklären, warum er Sie in den Kofferraum gestopft hat, mit einem Schlauch vom Auspuff vor Ihrer Nase.«

»Meine Patientin braucht Ruhe«, sagte Dan fest.

»Wie bist *du* hierher gekommen?« fragte ich.

»Nachdem mein Rechtsanwalt die Kaution für mich gestellt hatte, habe ich dich im Hotel gesucht. Eine Sommerhausbewohnerin sagte, sie habe gesehen, wie du auf das Haus der Tylers zugingst.«

Polizeichef Amory starrte noch immer auf mich herunter. »Wenn Sie eine Idee haben, dann lassen Sie wirklich nicht locker. Gute Eigenschaft für eine Polizistin. Wenn Sie eine Stelle brauchen, wenden Sie sich an mich.«

»Dann war also meine Theorie richtig, daß Dan den Sündenbock spielen sollte?«

»Sie brauchen mir das nicht noch unter die Nase zu reiben!« Polizeichef Amory ging.

»Beharrlichkeit ist auch für die Frau eines Arztes eine prima Eigenschaft«, sagte Dan, als er mir auf die Füße half. »Das heißt, wenn du dich nicht vorher umbringen läßt. Vielleicht sollte ich lieber umgehend Schritte ergreifen, um das zu verhindern.«

Der Schmerz in meinen Rippen und in meiner Kehle schien zu verschwinden. »Wir schicken meinen Eltern noch ein Telegramm, und wenn sie nicht sofort von sich hören lassen, ist es wirklich ihre eigene Schuld. In Ann Arbor kann ich eine Stelle als Lehrerin bekommen. Wir finden da auch bestimmt eine Wohnung –«

»Du redest zuviel!« Dan beugte sich zu mir herunter. In seiner Stimme klang zärtliches Lachen. »Auch dagegen kann ich etwas tun.«
Er hatte ja so recht.

Der Schlaf ist mein Feind

Anthony Gilbert

Ich glaub's einfach nicht, es ist bestimmt ein Traum – natürlich ist es ein Traum –, denn wenn es Wirklichkeit ist, was geschieht dann?

Ich bin immer empfänglich gewesen für Träume, obwohl ich nicht viel darüber rede. Leute wie meine Mutter und Honor – das ist meine verheiratete Schwester – sagen, es ist krankhaft, über Träume zu reden. Sie lassen sogar durchblicken, daß mit Leuten, die träumen wie ich, etwas nicht ganz in Ordnung ist. Und selbst mit Ronnie habe ich nie darüber gesprochen, nicht etwa, weil er kein Verständnis dafür haben würde – das hätte er natürlich, aber es ist einfach nicht notwendig. Zwischen uns gibt es keine Geheimnisse.

Ich kenne Ronnie so lange, wie ich überhaupt irgend jemand richtig kenne. Man lernt die Menschen ja eigentlich erst kennen, wenn man so um die Achtzehn ist; bis dahin lebt man in einer Art Tagtraum dahin, so wie in diesem Gedicht von Tennyson – glaub' ich –, wo alle Männer edel sind und alle Frauen hold.

Ich selber bin blond und das, was man einen zierlichen Typ nennt. Ich hab' mal zu Honor gesagt, ich hätte ein Bild von Andromeda gesehen, wie sie aus den Wellen steigt, und daß sie ausgesehen hätte wie ich, wenn sie nicht so groß gewesen wäre. Honor hat gesagt: »Unsinn! Andromeda war an einen Felsen gekettet und wurde von Perseus befreit.« Wenn ich an einen Felsen gekettet wäre, würde mich Ronnie auch befreien, hab' ich da zu ihr gesagt.

Ich bin sehr viel mit Ronnie zusammengewesen, bevor ich nach Spanien fuhr zur Schwester meiner Mutter, Rosa heißt sie, die da so 'ne Art Villa hat – also, nicht gerade das, was ich unter Komfort verstehe, kein fließendes Wasser, kein elektrisches Licht, der nächste Nachbar zwei Meilen entfernt. Kein Wunder, daß sie sich einsam fühlte, und da meinte meine Mutter, ich sollte hinfahren und ihr für eine Weile Gesellschaft leisten. Mir war klar, daß ich dem Leben was schuldig war wegen Ronnie, und deshalb bin ich gefahren. Allerdings bin ich nicht so lange geblieben, wie sie gedacht hatten. Tante Rosa änderte ganz plötzlich ihre Pläne, warum versteh' ich nicht ganz, und ich mußte wieder nach Hause.

Mit das Seltsamste an diesem Traum ist der Zeitpunkt, wann er angefangen hat. Meine Träume sind nun mal so – die Wirklichkeit geht unmerklich in den Traum über, und manchmal kann ich den Augenblick, in dem das geschieht, nicht auf die Sekunde genau bestimmen. Jedenfalls weiß ich, daß das kein Traum war – meine Spanienreise meine ich –, und es war auch kein Traum, daß Honor mich abholte, als ich nach Hause kam.

Während ich fort war, hatten sie mein Zimmer neu hergerichtet. Ich war nicht sehr begeistert darüber – mir hatte es gefallen, wie es vorher war, mit seiner gestreiften Regency-Tapete und der weißen Porzellankatze, die ich auf einem Stand in Dorchester gekauft hatte, und der Spieldose in Form eines Kanarienvogels im Käfig, die zu pfeifen anfing, wenn man auf eine Feder drückte.

Es ärgerte mich auch, als ich erfuhr, daß die Katze irgendwie kaputtgegangen war. »Wer hat das getan?« fragte ich, und meine Mutter sagte: »Ach, laß nur, wir werden bestimmt eine andere für dich finden.«

»Das ist dann nicht meine Katze«, gab ich ihr zur Antwort. Ebensogut hätte sie sagen können, wir finden einen anderen Ronnie für dich.

Ich habe von jeher gewußt, daß Ronnie und ich einmal heiraten würden. Allerdings fand ich, daß wir es vor meiner Abreise nach Spanien offiziell hätten bekanntgeben können, aber wahrscheinlich hätte es dumm ausgesehen, wenn ich sofort danach verreist wäre. Wenn ich verheiratet bin, werde ich mich Sarah nennen. Sally mag ich nicht – klingt wie aus einem Gassenhauer, finde ich. Wir wohnen natürlich nicht in einer Gasse; wir wohnen in einem sehr netten Haus – meine Mutter und ich, heißt das. Honor wohnt mit ihrem Mann Charles zusammen, außer wenn er auf Dienstreise ist oder so. An meinen Vater kann ich mich nicht erinnern; der ist gestorben oder abgehauen oder was weiß ich.

Mein Traum muß angefangen haben, als ich Ronnie über die Market Street gehen sah – das ist die Hauptstraße in unserem kleinen Nest – und neben ihm ein Mädchen, das mir noch nie im Leben begegnet war. Im Traum erkennt man ja im allgemeinen niemand, aber ihn hab' ich natürlich sofort erkannt. Ronnie könnte nie ein Fremder für mich sein.

Das Mädchen war größer und kräftiger als ich, und man konnte leicht sehen, daß es das Leben in einer Kleinstadt nicht gewöhnt war. Wir laufen nämlich hier alle mit Strickjacken über unseren Sommerkleidern herum und im Winter mit Rock und Twinset. Vielleicht hat sie gemeint, sie würde uns imponieren mit ihrem schicken Kostüm. Sogar einen Hut hatte sie auf. Und ihre Perlen waren echt.

Sicher, meine Perlen sind auch echt, aber eben echte Zuchtperlen, und die ihren waren echte echte Perlen. Keine Ahnung, woher ich das wußte, ich wußte es eben. Und am Aufschlag ihrer Kostümjacke trug sie eine Brosche, so ähnlich wie ein Pfau mit gestreiftem Schwanz, und auf dem Schwanz blitzten kleine Edelsteine – Smaragde und Saphire. Und der Schopf von dem Pfau, der war aus Brillanten. Sie ging in der Sonne, und es sah aus, als würde ein Feuer brennen auf ihrer Brust.

Ich erwartete, daß Ronnie ihren Arm loslassen und auf mich zustürzen würde – wir hatten uns seit meiner Rückkehr aus Spanien nicht mehr gesehen –, aber er bemerkte mich nicht.

Dafür sorgte sie schon. Sie schubste ihn und zerrte ihn mit sich über die Straße und redete dabei auf ihn ein, daß er halb taub geworden sein muß davon.
Natürlich war mir gleich klar, daß sie wußte, wer ich war, und ihn schleunigst aus meiner Reichweite befördern wollte. Ich fand das schrecklich komisch und mußte lachen. Zugegeben, einen Augenblick lang hab' ich mit dem Gedanken gespielt, den beiden nachzugehen, aber dann dachte ich, ich brauch' ihm schließlich nicht nachzulaufen, soll er doch zu mir kommen.
Als ich nach Hause kam, sagte ich beim Mittagessen spaßhaft: »Wen, glaubt ihr, hab' ich heute morgen auf meinem Spaziergang gesehen? Ronnie. Und das Tollste ist, er hat mich nicht bemerkt. Wahrscheinlich weiß er noch gar nicht, daß ich wieder da bin.« Ich habe doch schon erklärt, nicht wahr, daß ich früher als allgemein erwartet aus Spanien zurückgekommen war?
»Hast du mit ihm gesprochen?« fragte meine Mutter. Sie ist klein wie ich, hält sich aber gebeugt. Eigentlich ist sie richtig untersetzt. Sie muß eine Menge Kummer mit meinem Vater gehabt haben. Arme Mutter, dachte ich. Solche Sorgen würde ich nicht kennen, wenn ich mal mit Ronnie verheiratet war.
Ich lachte leise vor mich hin, etwas, was ich nicht oft tue, aber im Traum ist eben alles anders. »Nein, ich habe nicht mit ihm gesprochen – ich wollte kein Spielverderber sein. Er hatte ein Mädchen dabei – eins, das ich nicht kenne.«
»Thelma Bennett«, erklärte meine Schwester. »Ihr Vater hat The Grange gekauft. Sie und Ronnie sind viel zusammengewesen während deiner Abwesenheit. Sie ist eine recht bekannte Pianistin.«
»Nie von ihr gehört«, erwiderte ich. Und dann sah ich, wie meine Mutter Honor Zeichen machte. Ich wußte genau, was sie damit sagen wollte. Mach Sally nicht eifersüchtig. Als ob ich auf ein Mädchen eifersüchtig sein könnte, das er erst seit ein paar Wochen kannte! Und außerdem war es ganz natür-

lich, daß er mit jemand ausgehen wollte, solange ich in Spanien war.
»Ein Zeitvertreib«, faßte ich meine Überlegung in Worte. »Ob sie wohl weiß, daß wir verlobt sind?«
»Wie sollte sie?« entgegnete Honor grob. »Du bist nicht verlobt.«
»Menschen, die sich so gut verstehen wie Ronnie und ich, brauchen keine langen Worte. Trotzdem sehe ich jetzt eigentlich keinen Grund, warum man die offizielle Bekanntmachung unserer Verlobung noch länger hinausschieben soll. Außerdem wäre das auch fairer gegenüber dieser — wie war noch gleich ihr Name?«
»Thelma Bennett. Ihr Vater ist ein reicher Fabrikant.«
»Kaufmann«, bemerkte ich, aber in durchaus freundlichem Ton. Das Mädchen konnte schließlich nichts dafür, daß ihr Vater einem Gewerbe nachging statt einem Beruf.
Meine Mutter fragte: »Hat Ronnie dir geschrieben, während du in Spanien warst?«
Ich zuckte die Achseln. »Du kennst das ja — heutzutage schreibt kein Mensch mehr Briefe. Bald werden sie einem in der Schule das Schreiben gar nicht mehr beibringen und alles nur noch per Telefon und Computer machen. Jetzt, wo Ronnie weiß, daß ich wieder da bin, wird er schnellstens hier erscheinen. Es würde mich gar nicht wundern«, fügte ich hinzu, »wenn er noch heute nachmittag vorbeikäme.«
»Du hast doch gesagt, er hätte dich nicht bemerkt«, sagte Honor spitz.
»Er weiß es schon«, gab ich zurück.
Ich bin an jenem Nachmittag nicht noch mal weggegangen — na ja, ich war müde, und außerdem wollte ich nicht gerade aus dem Haus sein, wenn er anrief. Bloß muß ihm leider etwas dazwischengekommen sein. Aber wenn man sich eines Menschen so sicher ist, wie ich mir Ronnies sicher bin, was spielt dann ein einziger Nachmittag für eine Rolle? Immerhin beschloß ich am nächsten Morgen, aus dem Haus zu gehen. Lie-

be läßt sich viel gefallen, aber sie sollte sich auch nicht alles gefallen lassen. Ich sagte deshalb leichthin zu Honor, falls ein Anruf für mich käme, möchte sie ihn doch bitte entgegennehmen.
»Wo gehst du hin?« fragte sie scharf.
»Aus«, antwortete ich heiter.
Ich machte die Runde durch die Geschäfte und kaufte ein paar Sachen, die ich brauchen würde, sobald ich mein eigenes Heim hätte.
»Was soll denn das alles?« fragte Honor.
»Das sind Küchengeräte«, erklärte ich ihr sanft. »Siehst du das nicht?«
»Natürlich seh' ich das. Aber wofür?«
»Für meine eigene Küche.« Ich sprach wirklich in überaus geduldigem Ton mit ihr, das hörte ich selber.
»Es wäre vernünftiger, du wartest, bis du eine hast«, entgegnete sie scharf.
»Selbstverständlich werden wir eine haben. Ich werde doch nicht im Hotel leben, wenn wir verheiratet sind. Ronnie wird sein eigenes Zuhause haben wollen. Dabei fällt mir ein«, fügte ich ungeheuer beiläufig hinzu, »ist ein Anruf für mich gekommen?«
Als Honor den Kopf schüttelte, wurde ich böse. Dann dachte ich, sie würde mich vielleicht anschwindeln, und fragte meine Mutter, aber die sagte das gleiche. Na schön, dachte ich mir, wenn der Herr zu bequem ist, anzurufen – na, ich fand eben, daß es vielleicht eine ganz gute Idee wäre, wenn ich ihm einen kleinen Schubs gäbe. Zu sehr als Selbstverständlichkeit genommen zu werden, das möchte man nun auch wieder nicht.
Nach dem Tee holte ich also meinen Schreibblock heraus und schrieb ihm einen Brief. Ich schrieb, ich hätte während meiner Abwesenheit Zeit gehabt, unsere Situation zu überdenken – die Dinge nüchtern zu betrachten, sagte ich –, und ich sei dabei zu dem Schluß gekommen, daß ich vielleicht doch übereilt gehandelt hätte. Schließlich hätte ich noch nichts von der Welt

gesehen gehabt oder einen anderen Mann gekannt als ihn; nun jedoch habe sich mein Gesichtskreis erweitert, und ich hielte es für richtiger, wenn ich mich noch ein wenig umsähe, bevor ich mich endgültig festlegte. Ich bäte ihn deshalb, unsere Verlobung noch nicht sofort offiziell bekanntzugeben, und wir wollten uns einstweilen als frei betrachten.

Es war ein guter Brief – ich war selbst ganz hingerissen davon. Als ich ihn durchlas, war ich überrascht, wie lang er war, aber kürzen konnte ich ihn nicht. Einmal macht mich Briefeschreiben immer müde, und in den letzten Absätzen purzelten die Zeilen schon ein bißchen durcheinander. Und außerdem hätte ich es sowieso nicht übers Herz gebracht, auch nur ein Wort zu streichen. Als ich von der Post zurückkam, traf ich meine Mutter in der Diele.

»Wo warst du, mein Liebes?« fragte sie.

»Bin ich geistesschwach, daß ich nicht mal allein zur Post gehen darf?« gab ich patzig zurück.

Sie warf mir einen überaus sonderbaren Blick zu. »Hast du Ronnie geschrieben?«

Ich klatschte in die Hände. »Eins mit Stern«, lobte ich. »Schon gut, Mutter, ich weiß, was ich tue. Mit der Wurst nach der Speckseite werfen, könnte man sagen.« Obwohl ich eigentlich nicht ganz genau weiß, warum ich das anfügte, schien es mir ein passendes Ende für unser Gespräch.

An diesem Abend war ich in glänzender Stimmung. Ich sang im Bad: Daniel in der Löwengrube. Löwen mit Gesichtern wie Honor, die mich in einen Käfig sperren würde, wenn sie könnte – so, wie die mich beobachtete. Ob es wohl zwischen ihr und Charles Schwierigkeiten gab, fragte ich Mutter. Männer mögen es nicht, wenn man sie dauernd beobachtet.

»Unsinn! Die beiden verstehen sich ausgezeichnet. Setz nicht so alberne Geschichten in die Welt, Sally.«

Am nächsten Morgen malte ich mir aus, wie Ronnie jetzt meinen Brief aufmachte. Der würde einen schönen Schreck kriegen. Es hätte mich nicht gewundert, wenn er in unser Frühstück hineingeplatzt wäre. Das ist das Schlimmste dabei, wenn du es soweit kommen läßt, daß sich ein Mann deiner zu sicher fühlt. Dieses Mädchen, mit der er herumzog, diese Thelma Sowieso, die würde es bei einem Mann nie soweit kommen lassen.

Als er nicht erschien, dachte ich, er würde anrufen, aber das tat er auch nicht. Wahrscheinlich fand er, die Angelegenheit sei zu wichtig, um sie am Telefon zu besprechen. Trotzdem beschloß ich, zu Hause zu bleiben, und weigerte mich auch, mit Honor ins Odeon zu gehen, um einen Disney-Film zu sehen, der gerade da lief.

Honor starrte mich an. »Aber du läßt doch nie einen Disney-Film aus. Das ist einer über Tiere.«

»Na und?« entgegnete ich kühl. Aber innerlich kochte ich.

Der Tag verging, und das Telefon klingelte nicht ein einziges Mal. Ich kam gar nicht auf den Gedanken, daß Ronnie meine Entscheidung wortlos akzeptieren würde – wahre Liebe läßt sich nicht so einfach abspeisen. Man bedenke nur, was ich aus Liebe getan hatte. An diesem Punkt geriet ich in Verlegenheit. Was hatte ich eigentlich getan? Doch irgend etwas war es gewesen, dessen war ich sicher.

Am nächsten Morgen kam ein Brief. Er schrieb, er freue sich, von mir zu hören und zu erfahren, daß es mir so viel besser ginge. Besser? Ich war doch nicht krank gewesen! Ich war nach Spanien gefahren, um Tante Rosa Gesellschaft zu leisten. Ich begann, mich zu fragen, was für Geschichten Honor über mich verbreitet haben mochte ... Er sei überzeugt, daß mein Entschluß, noch keine endgültige Entscheidung zu treffen, das einzig Richtige sei. Er versichere mir, daß er mir nichts nachtrage. Warum sollte er? Vergangenes sei vergangen. Und eines Tages, wenn ich wirklich ganz wiederhergestellt sei – da, schon wieder diese Anspielung, als ob mir irgend etwas fehlte –, dann hoffe er, möge ich eine glückliche Zukunft finden. Und er fügte hinzu, er nehme an, Honor habe mir schon von seiner Verlobung mit Miss Bennett erzählt, obwohl diese noch nicht

offiziell sei. Wir müßten uns alle bald einmal sehen ...
Eine lange Zeit verging, so wie das im Traum ist. Dann hörte ich Honors Stimme, und sie klang richtig scharf. »Nimm dich zusammen, Sally! Fang bloß nicht wieder damit an! Einmal war schlimm genug.«
»Ronnie hat mir geschrieben«, sagte ich. »Wenn das ein Witz sein soll ...«
»Es ist kein Witz.«
»Du hast meinen Brief doch nicht gelesen?«
»Wie sollte ich, wenn du ihn in deiner Hand zusammenknüllst. Ich nehme an, er hat dir das mit Thelma Bennett gesagt.«
»Er hat geglaubt, ich meine es ernst. Er hat sie aus Enttäuschung genommen.«
»Nein, das stimmt nicht«, widersprach Honor. »Die beiden sind schon seit Wochen inoffiziell verlobt. Jeder Mensch weiß das, außer dir. Wir haben wirklich versucht, es dir schonend beizubringen.«
»Ich hätte ihn nicht für so wankelmütig gehalten. Da sieht man es mal wieder, aus den Augen, aus dem Sinn! Bloß, weil ich so gutmütig war und zu Tante Rosa gefahren bin, damit die nicht so einsam ist.«
Ich konnte nicht weiterreden. Meine Zunge kam mir so groß und dick vor, daß sie keinen Platz in meinem Mund fand, und meine Worte kamen ganz undeutlich hervor. »Alle haben gewußt, daß er mich heiraten würde.«
»Kein Mensch hat das gewußt, außer dir. Und in Wirklichkeit hast auch du die Wahrheit gekannt. So ist es doch. Oder willst du vielleicht behaupten, daß du alles vergessen hast?«
»Ich könnte nie etwas vergessen, das mit Ronnie zusammenhängt. Was soll ich denn vergessen haben?«
»Den wahren Grund, warum du nach Spanien gefahren bist. Na ja, du mußtest schnell weg von hier, und Mutter hat Tante Rosa inständig gebeten ...«
»Also, sie wollte mich loswerden? Das ist ja reizend!« Ich fing

an zu schreien: »Mutter! Mutter!«
Mutter kam angelaufen wie einer dieser kleinen Vögel – Rebhühner sind es, glaub' ich –, die sich so schnell und geräuschlos bewegen, daß man das Gefühl hat, sie müßten unsichtbare Flügel haben.
»Sally, was ist los? Honor, du hast doch nicht –?«
»Sie hat einen Brief von Ronnie bekommen«, sagte meine Schwester mit monotoner Stimme.
»Was hat er geschrieben?«
»Die Wahrheit.«
»O nein! Wie konnte er bloß so grausam sein.«
»Einmal mußte sie es ja erfahren. Nach allem, was geschehen ist . . .«
»Was ist denn geschehen?« schrie ich. »Warum hat man mich weggeschickt?«
»Du hattest so eine Art Nervenzusammenbruch«, erklärte meine Mutter.
»Wegen Ronnie?«
»Nun – ja. Liebling, du mußt dich mit der Tatsache abfinden, daß im Leben die Dinge nicht immer so verlaufen, wie wir es gern möchten. Wir alle wissen, was du Ronnie gegenüber empfindest . . .«
»Dummes Gerede!« Ich machte eine weitausholende Handbewegung. Etwas klirrte, ich weiß nicht was. »Ich habe ihm geschrieben, um ihm zu sagen, daß er frei ist.«
»Das war sehr großzügig, Sally. Ich bin stolz auf dich. Nicht jeder hätte den Mut dazu gehabt.«
»Ach, was soll das alles?« rief Honor. »Das bringt uns doch nicht weiter. Nein, Mutter, das hat jetzt lange genug gedauert – dieses törichte So-tun-als-ob. Selbst wenn Ronnie Thelma Bennett nicht heiratet, wird er dich trotzdem nicht heiraten, Sally. Das wußtest du, nicht wahr?«
»Habe ich deshalb einen Nervenzusammenbruch gekriegt?«
»Ich hab' dir ja gesagt, sie hätte nicht zurückkommen dürfen«, meinte Honor zu Mutter.

»Aber Rosa . . .«, begann meine Mutter. Sie redeten, als ob ich gar nicht da wäre.
»Ich werde mit Ronnie sprechen«, erklärte ich. »Ich werde ihm klarmachen . . .«
»Er wird dich nicht sehen wollen«, widersprach Honor. »Er hat schon eine Narbe, die ihm sein Leben lang bleiben wird.«
Ich wußte nicht, wovon sie sprachen. Ronnie hat keine Narbe – er ist der bestaussehende Mann, dem ich je begegnet bin.
»Vielleicht fahren wir für eine Weile fort, nur du und ich«, schlug meine Mutter hastig vor.
»Aber ich bin doch eben erst zurückgekommen.« Ich starrte die beiden an. »Ach, jetzt verstehe ich – Honor mag mich nicht hierhaben. Na, wenn sie's nicht aushalten kann, mit ihrer eigenen Schwester im gleichen Haus zu leben, dann soll sie doch gehen. Sie hat schließlich einen Ehemann, oder? Nicht, daß ich dich vertreiben will«, fügte ich großzügig hinzu, »aber das ist mein Zuhause, und du solltest nicht vergessen, daß du jetzt hier nur noch ein Gast bist.«
Droben in meinem Zimmer fing ich an nachzudenken und fragte mich, ob ich nicht zu egoistisch gewesen war. Mutter brauchte offensichtlich Erholung. Mir war schon aufgefallen, wie abgespannt sie aussah. Ich hätte begreifen sollen, daß sie den Vorschlag zu verreisen im Grunde wegen sich selbst gemacht hatte. Ich konnte es ihr nicht übelnehmen – Honor würde jeden Stein höhlen. Das klang nicht ganz richtig; es ist Wasser, das den Stein höhlt . . .
Alles war sehr still. Es war plötzlich, als ob man in einem luftleeren Raum lebte. Schließlich kam Honor mit einem Tablett herauf. »Ich hab' dir was zu Essen 'raufgebracht«, sagte sie. »Geh lieber nicht hinunter. Mutter hat Kopfschmerzen.«
»Sie muß mal hier 'raus«, antwortete ich. »Tut mir leid, daß ich das nicht begriffen habe. Ich werd's ihr sagen, wenn ich hinunterkomme.«
»Soll das heißen, daß du mit ihr fahren willst?«
»Na ja!« Ich lachte und spürte, wie sich in meinen Augenwin-

keln schlaue Fältchen bildeten. »Ich glaub' kaum, daß sie mit dir fahren möchte. Du hättest dich besser um sie kümmern sollen, während ich in Spanien war. Ich konnte schließlich nicht an zwei Plätzen gleichzeitig sein, und ich hatte Tante Rosa zu versorgen.«

»Ich sag's ihr«, versprach Honor mit beherrschter Stimme.

»Oh, ich sag's ihr schon selber«, entgegnete ich nachsichtig. »Laß dein Essen nicht kalt werden.«

Ich sprach ganz ungezwungen und fühlte, daß ich die Situation vollkommen beherrschte. Arme Mutter, all diese Wochen mit Honor allein in einem Haus. Eigentlich kein Wunder, daß sie nicht wollte, daß ich Ronnie heiratete. Seit Vater starb oder wegging oder was auch immer, hatte sie sich um alles kümmern müssen. Honor war ihr keine große Hilfe, und dann hatte sie ja auch so früh geheiratet.

Und wenn ich wegginge, würde Mutter ganz allein sein. Es muß schrecklich sein für einen Menschen, wenn er von niemand wirklich gebraucht wird. Zum ersten Mal hatte ich verstanden, wie sehr sie mich brauchte.

Ich merkte erst, als Honor das Tablett nahm, daß ich mein ganzes Mittagessen aufgegessen hatte. Ich erklärte, ich wollte versuchen, ein bißchen zu schlafen. Sie alle wollten jetzt ein bißchen schlafen, gab Honor zurück. »Was für eine gute Idee«, lobte ich.

Nachdem sie gegangen war, wartete ich lange Zeit, bevor ich auch nur meine Zimmertür aufmachte. Es war ganz still im Haus, mäuschenstill. Ich trat hinaus auf den Vorplatz und dachte sogar daran, meine Schuhe nicht anzuziehen. Kein Mensch rührte sich. Ich stieg hinunter, vergaß auch nicht die Stufe zu umgehen, die immer knarrte, und ging durch die Gartentür hinaus.

Die Sonne schien wunderschön, und sie fiel auf die Rosen in ihren kreisrunden Beeten. Das brachte mich auf eine neue Idee. Ich lief herum und pflückte, bis ich beide Arme voll hatte. Wenn man hingeht, um einem anderen Menschen Kummer zuzufügen – und was blieb mir anderes übrig? –, sollte man es taktvoll tun, und was gab es da Besseres als Rosen?

Ich ging durchs Gartentor hinaus. Als ich über die Schulter zu den Fenstern zurückblickte, erwartete ich so halb und halb, gleich einen sich bewegenden Vorhang, eine Hand oder ein Gesicht zu sehen. Aber alles war still, von jener göttlichen, sonnenüberstrahlten Stille, die einen hoffen läßt, daß die Ewigkeit einmal so sein möge.

Ich ging nicht durch die Market Street. Ich ging durch Seitenstraßen und war sehr bald bei The Grange. Ein Schwan schwamm dort auf dem Teich, ganz rein und lautlos, Brust an Brust auf dem hellen Wasserspiegel. Ich hätte ebensogut ein Geist sein können – niemand achtete im geringsten auf mich. Ich kam zum Portal, den Arm noch immer voller Rosen, obwohl mir unterwegs ein paar hinuntergefallen waren. Es mußte mich doch jemand gesehen haben, denn die Tür ging auf, noch ehe ich auf die Klingel gedrückt hatte.

»Die hier habe ich für Miss Bennett mitgebracht«, erklärte ich ohne aufzusehen. »Miss Thelma Bennett.«

»Ich bin Thelma Bennett«, sagte eine Stimme. Ich schaute auf, und es war wahr. Es war das Mädchen, das ich mit Ronnie gesehen hatte.

»Die sind für Sie.« Ich drückte ihr die Rosen in den Arm. Ein paar Dornen hatten sich in meinen Haaren verfangen, und ich hatte Mühe, sie loszubekommen. Zeit der Rosen – Swinburne hatte etwas darüber zu sagen gehabt.

»Ronnie hat mir geschrieben, er möchte, daß wir uns kennenlernen«, erklärte ich. Wir traten in einen an die Diele angrenzenden Raum; er war voll von sehr schönen Möbeln, aber Ronnie konnte ich darin nicht entdecken. »Er hat mir eine Nachricht für Sie aufgetragen«, fuhr ich fort.

»Sind Sie Sarah Trent?« fragte sie.

»Wie haben Sie das erraten?« spottete ich. Ich fühlte mich so leicht, so unendlich beschwingt. Mir war, als könnte ich mich jeden Moment vom Erdboden in die Luft heben. »Er hat Ih-

nen natürlich von mir erzählt. Wir heiraten nämlich, wissen Sie.«
»Nein«, sagte sie vorsichtig. »Das hat er mir nicht erzählt.«
»Nun, in gewissem Sinn weiß er es selbst noch nicht. Ich habe ihm nämlich geschrieben und unsere Verlobung gelöst.«
»Und jetzt haben Sie es sich anders überlegt?«
Sie sah aus wie die Schneekönigin, so still und bleich, so schön wie eine Statue; aber kein Mann will mit einer Statue leben. Man kann eine solche Schönheit anbeten, aber wie kann man sie lieben? Und Liebe war das, was Ronnie brauchte.
Ich begann, ihr das alles zu erklären. Ich wurde sehr beredt, und ich konnte sehen, wie bewegt sie war.
»Sie sagten, Sie hätten eine Nachricht von Ronnie«, erinnerte sie mich.
»Ja. Er läßt Ihnen sagen, daß das Ganze ein Irrtum gewesen sei. Er möchte, daß Sie ihn freigeben.«
»Er ist kein Gefangener. Er ist sein eigener Herr.«
»Da irren Sie sich. Er gehört mir. Und ich werde, wenn nötig, bis zum Tod um ihn kämpfen.«
»Sie wissen nicht, was Sie reden«, begann sie, und da wurde ich plötzlich schrecklich wütend. »Honor hat Ihnen eingeredet, daß Sie das sagen sollen, nicht wahr? Wissen Sie auch, warum? Es ist wegen meiner Mutter. Honor spürt, daß sie sie zu sich nehmen sollte, aber sie ist egoistisch; solange ich da bin, kann sie ihre Verantwortung auf mich abwälzen. Bloß — ich ziehe da nicht mit.«
Das hörte sich gut an, fand ich, deshalb sagte ich es noch mal. »Ich ziehe da nicht mit. Ich will auch leben. Ich will mit Ronnie leben.«
Sie kam ein Stückchen näher. »Legen Sie doch das Ding da weg«, sagte sie in ganz normalem Ton. Und zu meiner Überraschung sah ich, daß ich ein silbernes Papiermesser vom Tisch genommen hatte. Es hatte eine sehr scharfe Klinge.
»Danke, daß Sie mich darauf aufmerksam gemacht haben«, erwiderte ich ernst. »Das ist zu scharf zum Papierschneiden.

Es ist gefährlich. Es sollte nicht so herumliegen.«
»Ich sorge dafür, daß es weggeräumt wird«, versprach sie und streckte die Hand aus. Es war eine sehr schöne Hand, mit langen Fingern, sehr biegsam, jeder Finger schien ein Leben für sich zu haben. Aber diese Hand war dazu da, Klavier zu spielen, nicht, nach Ronnie zu greifen oder mich gängeln zu wollen.
»Was soll das?« Ich versetzte ihrer Hand einen leichten Schlag mit dem Messer.
Sie versuchte, mir das Messer zu entreißen – das beweist ja, daß sie verrückt war, nicht wahr? Eben hatte sie noch gesagt, wie scharf die Schneide war. Plötzlich war da Blut, und ich kann den Anblick von Blut nicht ertragen.
»Was machen Sie da?« schrie ich. Ich riß das Messer weg. Dann kam sie immer näher auf mich zu. Das Blut tropfte, und ich sagte ihr, sie solle mich nicht anfassen.
»Gehen Sie zurück!« rief ich. Ich stand schon mit dem Rücken zur Wand. Da mußte ich mich doch wehren, nicht wahr? Der Mann, den ich später in der Klinik sprach, der Mann, der sich gar nicht so benahm wie ein Arzt – der hat mir zugestimmt. Natürlich mußte ich mich wehren. Das hat er gesagt – das weiß ich genau ...
Eins ist sonderbar im Traum. Fast immer gibt es einen kurzen Augenblick, in dem einem klar wird, daß es ein Traum ist, und wenn man sich dann ordentlich anstrengt, kann man entkommen. Aber das ist eben nur ein kurzer Augenblick, und es bedarf einer so großen Anstrengung, daß, wenn man zögert, man den Moment verpaßt und es bis zum Ende durchmachen muß. Bis dahin ist aber etwas mit einem geschehen, das nie wieder ganz ungeschehen gemacht werden kann. Es ist wie bei einer Narbe – da hat doch schon mal jemand von einer Narbe gesprochen, ich kann mich bloß nicht mehr recht erinnern, wer. Nun, in diesem Traum hatte ich den entscheidenden Augenblick, in dem ein Sichzurückziehen noch möglich ist, nicht einmal bemerkt, und ich wußte, jetzt war ich schon zu tief drin-

nen, um mich daraus zu befreien.
Als ich die Augen öffnete, war Thelma Bennett verschwunden, und ich befand mich in einem Zimmer, das ich noch nie gesehen hatte. Das war nicht weiter merkwürdig – im Traum ist es vielmehr merkwürdig, wenn man sich an einem vertrauten Ort wiederfindet.
Dieser Raum war weiß gestrichen, mit einem hellgrünen Kaminsims. Es gab einen großen weißen Schrank mit einem stark glänzenden Metallschlüssel, und vor dem Fenster waren Gitterstäbe. Ich wunderte mich, warum da Gitterstäbe waren, und dann begriff ich, daß sie dazu dienten, die Vögel fernzuhalten. Durch die Fensterscheiben konnte ich Bäume sehen, und wo Bäume sind, sind immer auch Vögel.
Wissen Sie, die Leute haben viele falsche Vorstellungen über Vögel. Sie reden von gefiederten Sängern und von dem Vogel auf dem Kalvarienberg, der den Dorn aus der Stirn unseres Herrn gezogen hat, und von jenen anderen Vögeln – Rotkehlchen, glaub' ich –, die die Kinder im Walde mit Blättern zugedeckt haben. Aber so sind sie in Wirklichkeit gar nicht. Sie haben Schnäbel, die hacken und hacken. Da gab es vor einer Weile im Odeon mal einen Film über Vögel, den ich gesehen habe – Honor war wütend, als sie davon erfuhr. »Jetzt wirst du wieder wochenlang Alpträume haben«, sagte sie, aber ich hörte sie kaum wegen des Lärms, den die Vögel machten. Wie ein Geschwader von Düsenjägern. Es dröhnte in meinem Kopf noch lange, nachdem ich das Odeon verlassen hatte.
Dann bemerkte ich, daß sie oben einen kleinen Teil des Fensters offengelassen hatten, und kroch aus dem Bett, denn selbst kleine Vögel können böse werden. Ich versuchte gerade, das Fenster zu schließen, als die Tür aufging und jemand hereinkam – ein Hausmädchen nahm ich an, denn sie trug ein gestreiftes Kleid und ein Häubchen. Ich hatte gar nicht gewußt, daß heutzutage noch irgendwer so herumlief. Sie rannte durchs Zimmer und packte mich an der Hand.
»Was machen Sie da?«

»Das Fenster schließen natürlich.«
»Das dürfen Sie nicht – Sie brauchen frische Luft.«
»Dann können Sie ja die Tür offenlassen.«
Aber sie sagte, das wäre gegen die Vorschriften.
»Was für Vorschriften? Wo bin ich?«
»In einer Klinik.«
»Ich bin doch nicht krank.« Dann fing ich an, mich zu erinnern. »Was hat sie mir getan?« Merkwürdig – ich hatte mich noch nie in eine Klinik geträumt. »Ist sie hier – Thelma Bennett, meine ich?«
Sie warf mir einen überaus sonderbaren Blick zu. »Nein«, erwiderte sie. »Sie ist nicht hier.«
»Die gehörte hinter Gitter.« Ich nickte wütend. »Wußten Sie, daß sie mich mit einem Messer angegriffen hat?«
»Warum, glauben Sie, hätte sie das tun sollen?«
Ohne daß ich es merkte, hatte sie mich wieder ins Bett manövriert.
»Na, wegen Ronnie selbstverständlich. Ich mußte ihr sagen, daß es keinen Sinn hatte – sie konnte ihn nicht heiraten, weil er mich heiraten wollte. Ein Glück für Ronnie, daß er gemerkt hat, wie sie ist.« Allerdings ist das unlogisch, nicht wahr, denn er hatte sie sowieso nicht heiraten wollen. »Ist er hier?« fragte ich weiter. Ich konnte mir lebhaft vorstellen, wie er in den Gängen auf und ab lief.
»Sie durften keinen Besuch haben, es ging Ihnen nicht gut.«
»Aber jetzt geht's mir doch wieder gut.«
»Wir werden sehen, was der Doktor sagt.«
Sie ging hinaus und verschloß die Tür hinter sich. Da wurde mir klar, daß sie mir nicht die Wahrheit gesagt hatte. Thelma war irgendwo in der Nähe, und sie mußten die Tür absperren, um mich vor ihr zu schützen. Man konnte schließlich nicht von mir erwarten, daß ich mich immerzu selbst verteidigte.
Das sagte ich auch zu dem Doktor, als er mich besuchen kam. Er wirkte gar nicht wie ein Doktor – stellte nicht die üblichen Fragen, fühlte mir nicht den Puls, maß mir nicht das Fieber. Er

fragte nur, an wieviel von dem, was geschehen war, ich mich erinnern könne.

»Was gibt's da zu erinnern?« fragte ich spitz. »Ich hab' ihr gesagt, daß sie Ronnie nicht heiraten könnte, und da ging sie mit einer Schere auf mich los.«

»Mit einer Schere?«

»Ach nein, jetzt erinnere ich mich, es war ein Papiermesser. Ich hab' sie gewarnt, daß es zu scharf sei, als daß man es einfach so herumliegen lassen durfte.«

»Und dann?«

Plötzlich war ich furchtbar müde. »Was spielt das schon für eine Rolle?« Ich fing an zu gähnen. »Es ist ja nur ein Traum, und der ist schon beinahe vorüber. Es hat nie eine Person wie Thelma Bennett gegeben.«

Jenes wunderbare Gefühl der Leichtigkeit überkam mich wieder, als ich das sagte. Das ist das Köstliche an einem Traum — wenn man ihn einmal abgeschüttelt hat, weiß man, daß nichts, was einen gequält hat, wirklich geschehen ist. Ich hatte nie gesehen, wie Ronnie mit einer Frau, die ich nicht kannte, über die Market Street ging. Ich war nie mit einem Arm voller Rosen zu The Grange gegangen — das fand ich sogar ein bißchen schade, denn es war so ein hübsches Bild. Aber alles, was mich gepeinigt und mich in den Abgrund getrieben hatte — es machte nichts mehr aus, denn nichts davon war wirklich geschehen.

Ich lachte vor Entzücken.

Dann kam eine Zeit der Dunkelheit, wie ein Korridor, der von der Unwirklichkeit zur Wahrheit führt. Als ich aus dem Dunkel auftauchte, lag ich noch immer im Bett, aber jetzt machte ich mir nichts mehr daraus, denn es war mein eigenes Bett. Ich brauchte nur die Augen zu öffnen, und ich würde die neue Tapete sehen mit den verwaschenen Rosen und den singenden Vögeln — wenn ich bloß wüßte, was mit der Katze passiert war — und meine eigenen Bäume vor meinem eigenen Fenster. Voll Wohlbehagen drehte ich mich um und öffnete die Augen.

Es war alles da — die weißen Wände und der blaßgrüne Kaminsims, der Schrank mit dem glänzenden Metallschlüssel und die Gitterstäbe vor dem Fenster.
»Wach auf«, sagte ich wütend zu mir selbst. »Wach auf, wach auf!«
Denn das gibt es ja, nicht wahr, daß man zu tief in einen Traum gleitet und nie wieder herauskommt. Vielleicht kommt einer und nimmt den bewußtlosen Körper und gibt ihn nicht mehr frei — wie bei diesem Mädchen, das auf einem Sofa einschlief und mit dem dann etwas ganz Schlimmes passierte. Was das war, darauf konnte ich mich komischerweise nicht mehr besinnen.
Ich muß gerufen haben, denn die Tür ging auf und die Pflegerin kam herein. Ich erkannte jetzt, daß es eine Pflegerin war und kein Hausmädchen.
»Sie dürfen nicht solchen Lärm machen«, herrschte sie mich an. »Sie stören die anderen Patienten. Wenn Sie schlecht geträumt haben . . .«
»Das ist es ja!« Ich fing an zu schluchzen. »Wecken Sie mich doch auf. Warum wecken Sie mich nicht auf?« Ich faßte sie am Arm, aber ich hatte sie bestimmt nicht kratzen wollen.
Sie zog ihren Arm weg. »Sie sind wach. Schauen Sie sich um. Es ist dasselbe Zimmer, nicht?«
»Das ist nicht mein Zimmer.« Ich schrie und schluchzte abwechselnd. »Machen Sie, daß es anders wird. Hören Sie — machen Sie, daß es anders wird!«
»Das kann ich nicht.« Sie zog den Ärmel über den Kratzer. Wahrscheinlich würde sie jetzt sagen, daß ich sie angefallen hätte wie eine Irre. »Ich bin kein Zauberer. Im übrigen, was gefällt Ihnen denn nicht an diesem Zimmer? Wenn Sie vor den Vögeln Angst haben, sehen Sie, es ist ein Drahtgitter über der oberen Fensterluke; man hat das angebracht, damit die Fliegen nicht hereinkommen. Sie sind hier vollkommen sicher. Sicherer, als Sie irgendwo anders wären«, fügte sie in einem Ton hinzu, als ob sie gar nicht mit mir spräche.

Sie ging und sperrte wieder die Tür hinter sich zu. Sie werde mir etwas bringen, versprach sie, damit ich schlafen könnte. Aber ich will nicht schlafen. Der Schlaf ist mein Feind. Wenn ich nicht geschlafen hätte, hätte ich mich nie in diesen Traum verirren können. Denn es kann ja nichts anderes sein als ein Traum – es gab eine Tür, die hineinführte, da muß es doch auch eine Tür geben, die wieder hinausführt.

Denn wenn es keine Tür nach draußen gibt, was geschieht dann?

San Quentin

Joe Gores

Bohr deinen Blick ins Tal.
Schon naht der Blutstrom. Darin sieden alle,
die andren durch Gewalt geschadet haben.

Dantes Inferno, 12. Gesang

Ich habe viel darüber nachgedacht: Warum nur sind Victor und ich zu diesem gräßlichen Schauspiel hinaus nach San Quentin gefahren? Wir haben uns eingeredet, es sei nur so zum Spaß. Victor war ganz verrückt auf immer neue Nervenkitzel, das war schon ein Tick bei ihm. Er war ein temperamentvoller, dunkelhaariger junger Kerl mit blitzenden Augen, schlank und durchtrainiert wie ein Froschmann. Sein alter Herr schwamm im Geld, und so war auch Victor immer gut bei Kasse. Wir kamen in seiner Wohnung auf diese verrückte Idee – er bewohnte natürlich ein Penthouse, in Portrero Hill. Es war eines Nachmittags, wir lagen auf der Sonnenterrasse, nur in Badehosen, und tranken Gin.

»Weißt du, mein Lieber«, sagte er, »ich habe so ziemlich alles gesehen, was es auf der Welt zu sehen gibt. Ich habe alle möglichen Puppen ausprobiert, rote und gelbe und schwarze und weiße, und ich war auch schon oft genug high, von diesem und jenem Zeug. Ich habe es sogar ein- oder zweimal mit Heroin versucht. Aber ...«

»Du bist eben ein toller Hecht, Väterchen.«

»... aber etwas gibt es, das habe ich noch nie erlebt, mein Lieber.«

Als er nicht weitersprach, hob ich den Kopf von der Ginflasche, die mir als Kissen gedient hatte, und sah ihn an. Er hatte glitzernde, ganz wilde Augen.

»Und das wäre?«

»Ich habe noch nie bei einer Hinrichtung zugeschaut.«

Ich dachte ein Weilchen darüber nach, benommen wie ich war. Die Sonne brannte so heiß, als wollte sie mich an die Luftmatratze schmieden. Bei einer Hinrichtung zusehen. Sehen, wie ein Mensch ins Jenseits geht. Für einen Künstler eine irre Idee.

»Meinetwegen«, murmelte ich. »Ich bin dabei, Väterchen.«

Am nächsten Tag hatte ich es natürlich schon wieder völlig vergessen. Ich arbeitete an ein paar abstrakten Bildern für meine erste Solo-Ausstellung, da rief Victor an.

»Hast du dem Direktor von San Quentin schon geschrieben? Er muß sich mit dem Polizeichef von San Francisco in Verbindung setzen und sich erkundigen, ob du nichts auf dem Kerbholz hast und auch ganz normal bist – ein nützliches Glied der Gesellschaft.«

Also setzte ich mich hin und schrieb den Brief, denn auch nüchtern betrachtet schien es mir immer noch etwas Ausgefallenes zu sein, das mitzumachen lohnte. Ich wußte, daß man jeweils zwölf Zeugen benötigt, die sich überzeugen müssen, daß der Angeklagte nicht zur Hintertür hinausgeschmuggelt wird oder so etwas – in letzter Minute, wie in einem alten Jimmy-Cagney-Film. Es dauerte zwei Monate, bis ich Antwort erhielt. Star der Vorstellung sollte ein Kerl sein, der in einen Wohnwagen bei Fort Ord eingedrungen war und die Frau eines Armeeleutnants vergewaltigt hatte – und dabei hatte sie zu schreien angefangen und er hatte ihr ein Kissen aufs Gesicht gedrückt, damit sie ruhig blieb, bis er fertig war. Aber sie war erstickt. Bei den Geschworenen hatten acht Frauen gesessen, und ich glaube, drei von ihnen haben sich die Knöchel gebrochen, so eilig hatten sie es, ihn in die Gaskammer zu schicken. Nicht, daß mir daran etwas gelegen hätte. Man redet halt über solche Dinge.

Victor holte mich morgens um halb acht ab, eine Stunde vor dem Termin, zu dem wir uns in San Quentin melden sollten. Er trug den taillierten, aus Italien importierten Anzug und Fünfzig-Dollar-Schuhe und ein Hütchen mit schmaler Krempe und einer kleinen Feder drauf, und wenn er noch eine Aktenmappe getragen hätte, dann hätte man ihn für einen Aufsichtsratsvorsitzenden halten können. Das Verdeck seines Mercedes hatte er eingefahren, obwohl es ziemlich kalt war, und als er meinen schwarzen Anzug und die handgestrickte Krawatte sah, grinste er so breit und unverschämt, wie es bei einer Aufsichtsratssitzung gewiß niemand tut.

»Zuviel der Ehre. Wenn du dir jetzt noch die Haare kämmst, siehst du aus wie der Leichenbestatter, der den Toten abholen will.«

Da ich sehr lang und sehr schmal bin und mir die schwarzen Haare immerzu in die Augen hängen, und da ich angezogen etwa soviel wie ein mittelgroßer schottischer Schäferhund wiege, war seine Behauptung nicht mal stark übertrieben. Ich steckte eine Flasche Schnaps in die Türtasche des Wagens, und wir fuhren los. Wir waren beide ziemlich aufgedreht – ich will sagen, wir waren heiter und guter Laune, als habe uns gerade einer den besten Witz der Welt erzählt.

Es war einer jener kühlen, klaren Tage in Kalifornien, wo der Himmel blau ist und die Sonne scheint und hier und da eine Wolke am Himmel hängt. Ich genoß die Bilder: das Segel einer einsamen Jacht draußen in der Bucht, das an einen weggeworfenen Pappbecher erinnerte; die Möwen, die bei Angel Island herumschwirrten. Ich atmete tief die kalte Luft, die uns um die Ohren pfiff und nach Meer roch. Aber hinter dem Tunnel vom Highway 101, auf dem Weg nach Marin City, durchlief mich plötzlich ein eisiger Schauer, als habe sich eine Wolke zwischen mich und die Sonne geschoben. Aber das war gar nicht der Fall, und jetzt begriff ich zum ersten Mal, worauf ich mich da eingelassen hatte.

Victor ging es wohl ebenso, denn er wandte den Kopf und sagte: »Ganz ruhig bleiben, mein Lieber.«
»Na klar. Ich bin die Ruhe in Person.«
Das Gefängnis von San Quentin, draußen am Ende der Halbinsel, sah aus wie ein häßlicher Drache, der sich auf die Felsen gelegt hatte, um sich zu sonnen. Wir hielten vor dem Osttor, und wir hörten hier keinen einzigen Vogel singen. Nur ein paar mucksmäuschenstille Kerle ganz in Schwarz waren da, Quäker oder Mennoniten oder so, die gegen die Todesstrafe protestierten, nur durch ihre stumme Gegenwart, als ständen sie schon da, seit Chessman da drinnen sein letztes Stündlein erlebt hatte. Ich hatte das Gefühl, in mir gingen dunkle Gestalten um, als ich die Leute erblickte.
»Väterchen, laß uns umkehren«, sagte ich in einer unvermittelten Anwandlung von Panik. »Wir können uns die Matinee ja nächste Woche anschauen.«
Aber Victor wollte auf seinen Nervenkitzel nicht verzichten, und er war schon derart in Stimmung, daß er die Kerle in den schwarzen Gewändern anpflaumen mußte. Als sie zu uns herüberschauten, sprang er auf den Notsitz im Fond und breitete die Arme aus wie der Prediger auf dem Berge. Mit seiner Schildpattbrille und den blitzenden Zähnen und diesem Anzug für dreihundert Dollar sah er aus wie Christus auf dem Weg nach Hollywood.
»Was ihr dem Geringsten unter euch antut, meine Brüder, das tut ihr mir an!« rief er mit weithin hallender Stimme.
Ich packte ihn am Arm und zog ihn herunter. »Um Himmels willen, Mann, jetzt beruhige dich mal!«
Aber er fing irr zu lachen an und hieb auf meinem Arm herum, und dann riß er ein kleines Sternenbanner aus der Tasche und winkte damit. Ich sah die Schweißperlen auf seiner Stirn.
»Es lohnt, in diesem Lande zu leben!« brüllte er ihnen zu.
Er kuppelte ein, und wir fuhren weiter. Ich blickte zurück und sah, wie einer sich bekreuzigte. Das rückte die Dinge wieder zurecht: diese Leute kamen aus einem Niemandsland. Aus

dem Mittelalter. Nicht daß ich über sie richten wollte, das war ihr Auftritt, sollten sie doch, von mir aus. Jeder nach seiner Fasson.

Der Posten am Tor schickte uns in ein kleines Holzhaus, das an der Außenmauer stand. Fünf andere Zeugen waren schon drin. Drei waren Reporter, einer war ein Dicker mit einem Balken von Zigarre, die ihn wie einen Politiker aus Sacramento aussehen ließ, und der letzte war ein Soldatentyp mit den Rangabzeichen eines Leutnants. Sein Koppelschloß und das Messing glänzten, als habe er es die ganze Nacht gewienert.

Ein Wärter kam herein und sagte, wir sollten sämtliche Taschen ausräumen und den Inhalt gegen Quittung abliefern. Wir mußten auch die Schuhe ausziehen, sie waren zu dick zum Durchleuchten. Dann mußten wir einer nach dem anderen durch ein düsteres kleines Zimmer mit Röntgenstrahlen – Durchsuchung wegen Kameras und so weiter. Man will nicht, daß einer fotografiert, wenn die Kügelchen fallen. Schließlich waren wir drinnen im Gefängnisbau, hatten die Schuhe wieder an den Füßen und die Nasen voll von diesem ewigen Putz- und Desinfektionsmittel-Gestank.

Der Politikertyp, der kalte Augen wie ein Sherman-Tank hatte, fing an, Witze zu reißen, aber alles zeigte ihm die kalte Schulter, sogar die Reporter. Ich glaube, außer der Polizei findet sich kein Mensch mit Hinrichtungen ab. Der Offizier war so blaß, daß seine Sommersprossen wirkten, als habe ihn eine Schrotladung getroffen. Er hatte rötliche Haare.

Nach einer Weile gesellten sich fünf Mann vom Wachpersonal zu uns, damit das Dutzend voll wurde. Sie sahen wohlgenährt aus, wie das bei Bullen ja üblich ist, und sie standen in einer Ecke zusammen und schwatzten und lachten wie eine Schar Kinder, die einen Hund kujoniert. Victor und ich schlenderten hinüber, um zu hören, was sie redeten.

»Wer kriegt denn heute die Ostereier zu schnüffeln?« fragte einer.

»Ich weiß nicht, ich habe die Zeitung noch nicht gelesen.« Der

andere gähnte, als er antwortete.
»Weißt du nicht mehr?« erinnerte ihn ein dritter. »Das ist der Kerl, der die Frau im Wohnwagen fertiggemacht hat. Drunten bei Salinas.«
»Ach ja. War die Frau eines Soldaten, er hat sie vergewaltigt und ...«
Wie Hunde, die ihre Futterschüssel klappern hören, wandten alle zusammen die Köpfe in Richtung des Leutnants, aber in diesem Augenblick kamen noch mehr Polizisten herein, um uns in den Zuschauerraum zu geleiten. Wir marschierten in Zweierreihen, jeweils ein Zeuge und ein Wachmann und unwillkürlich im Gleichschritt. Ich ertappte mich dabei, wie ich die Ohren spitzte, ob vielleicht Trommelwirbel zu hören sei, wie bei einem Militärbegräbnis.
Der Zuschauerraum umgab die Gaskammer halbkreisförmig, die Bankreihen wurden nach hinten höher. Die Kammer selber war sechseckig, die drei Seiten zu uns her waren aus dickem Glas. Eine Messingstange umgab sie, von der Art, wie man sie an Theken in alten Saloons findet. Die drei anderen Wände waren aus Stahl, die mittlere davon diente als Tür und war mit Nieten übersät. In den beiden Wänden neben ihr befanden sich kleine Gucklöcher.
In der Gaskammer standen zwei stabile Stühle, wahrscheinlich aus Eichenholz, nebeneinander, mit den Lehnen zum Zuschauerraum. Sie waren so hoch, daß sie jedem bis ans Genick reichten, der drinsaß. Unter jedem Stuhl befand sich eine Schale mit Salzsäure, das wußte ich. Auf ein Zeichen hin ließ der Henker dann Kugeln aus Natriumzyanid in die Flüssigkeit fallen, mit Hilfe eines Apparats von außen natürlich. Dadurch entstand Blausäuregas – und aus war's mit jedem, der im Stuhl saß.
Der Politikertyp, der einen vollen Bariton wie Burl Ives hatte, fragte, wieso es denn zwei Stühle seien.
»Für den Fall, daß mal ein Doppel gespielt wird, Väterchen«, sagte ich.

»Sie belieben zu scherzen.« Aber er sagte das, als gefalle ihm die Idee. Dann beschwerte er sich: »Ich verstehe nicht, wieso die Stühle nicht andersherum stehen. Wir können ja sein Gesicht gar nicht beobachten, wenn es soweit ist.«
Er war ein richtiges Kriechtier, ein feister Sadist – ich hätte seine Träume nicht haben wollen.
Wir standen herum wie Vieh in der Koppel am Schlachthof, wenn das Blut von drinnen zu riechen ist und die Tier spüren, daß es sie irgendwie betrifft; dann hörten wir Geräusche und sahen, wie die Tür zur Gaskammer aufging. Ein uniformierter Wärter bezog Posten, gefolgt von einem ganz in Schwarz gekleideten Priester mit einem unwahrscheinlich langen Gesicht. Er muß zum erstenmal dabeigewesen sein, denn er hatte Mühe, ruhig und gelassen zu bleiben. Als er neben dem Posten stand, ließ er sein kleines schwarzes Buch dreimal hintereinander fallen.
Der Leutnant sagte zu mir, so als könne er das Schweigen nicht länger ertragen: »Man ... man inszeniert das alles wie ein Theaterstück, nicht wahr?«
»Aber es gibt kein Dakapo«, sagte Victor mit hohler Stimme. In der Tür tauchte noch ein Wachmann auf, und sie führten den Verurteilten herein. Es war ein Schock. Man denkt doch, so ein Kerl benimmt sich, wie ein Mörder sich zu benehmen hat. Ich meine, er bricht beim Anblick des Stuhls zusammen, weil er weiß, daß jetzt alles aus ist, es gibt keinen Ausweg mehr, kein Gnadengesuch, nichts mehr. Oder aber er marschiert mit falschem Hurrageschrei hinein und tut, als sei ihm alles ganz egal. Aber der Mann hier schien nur mäßig interessiert, sonst nichts.
Er trug ein weißes Hemd mit hochgekrempelten Ärmeln, keinen Schlips. Er war noch keine dreißig, hatte kurzgeschorene dunkelblonde Haare – das Schreckliche ist, daß ich mich überhaupt nicht mehr an sein Gesicht erinnern kann. Wenn ich ihn beschreiben müßte, könnte ich höchstens sagen, er ähnelte dem Leutnant, der neben mir die Nase am Glas plattdrückte.

Eins werde ich allerdings nie vergessen: seine Hände. Er hatte die ganzen Monate in der Todeszelle gesessen, und doch waren seine Hände noch rot und rissig und zerschunden, als habe er bis heute im San Joaquin Valley Rüben ausgebuddelt. Dann merkte ich: Ich dachte schon in der Vergangenheitsform, was ihn betraf.

Zwei Bullen fingen an, ihn im Stuhl festzuschnüren. Ein breiter Lederriemen quer über die Brust, schmälere Riemen an Armen und Beinen. Man gab sich viel Mühe mit dem Festschnallen. Ich will sagen, man wollte vermeiden, es ihm unbequem zu machen. Und die ganze Zeit sprach er mit den beiden. Wir konnten ja nichts hören, aber ich nehme an, er sagte etwa folgendes: So ist es gut, meine Freunde, nein, der Riemen ist nicht zu stramm, und hoffentlich kommt ihr meinetwegen nicht zu spät zum Mittagessen.

Das begriff ich nicht, er schien sich in einem fort zu entschuldigen. Während sie ihn über diesem kleinen tödlichen Eimer festzurrten, wandte der arme Hund den Kopf und sah uns an — und lächelte! Ich glaube, wenn er einen Arm frei gehabt hätte, dann hätte er sogar gewinkt. Einer von den Bullen, er hatte weiße Haare und sanfte, traurige Augen, tätschelte ihm den Kopf, ehe er hinausging. Persönlich habe ich gar nichts gegen dich, mein Sohn, ich tue nur meine Pflicht.

Danach ging es rascher voran, so wie das Herz schneller schlägt, wenn man nachts um drei durch eine einsame Straße geht und das Echo der eigenen Schritte sich anhört, als werde man verfolgt. Der Wärter stand an einem Guckloch, der Pfarrer und der Arzt am anderen. Der Schwarzgekleidete schlug das Kreuz. Und da stand dieser Doktor der Medizin, der den Eid des Hippokrates abgelegt hatte, das Leben zu bewahren — und er fuchtelte mit den Armen herum wie ein Fernsehregisseur, um dem armen Teufel da drin zu zeigen, wie er am leichtesten sterben könne.

Halt die Luft an, dann atme ganz tief ein — und du spürst gar nichts. Das Blausäuregas wird deine Eingeweide natürlich in rotglühenden Brei verwandeln und jedes Äderchen in deinen Lungen verbrennen, aber du wirst es nicht eigentlich spüren, wie du Krämpfe kriegst, da reagieren die Gefühlsnerven schon nicht mehr richtig.

Und *wir* standen hier, drei Meter von ihm entfernt und durch anderthalb Zentimeter Glas von ihm getrennt. Wir starrten ihn an, und er konnte den Kopf drehen und zurückstarren, wenn er wollte, aber er drehte sich nicht um. Zwischen ihm und uns war ein Unterschied, so gewaltig wie eine Million Lichtjahre. Er war festgeschnallt und unterrichtet, wie er sterben sollte, und er war auf das Gas gefaßt. Später erfuhr ich, daß er seinen Körper einem medizinischen Forschungsinstitut vermacht hatte.

Ich sah mich rasch um.

Victor schwitzte mächtig, er klebte am Fenster.

Dem Politikertyp fielen fast die Augen aus dem Kopf. Er preßte die Nase ans Glas und beugte sich vor, so daß ihm die Messingstange den Bauch eindrückte, und die Stummelfinger, die an Cocktailwürstchen erinnerten, verschmierten das Glas neben seinem Kopf. Er sah schon aus wie einer, der auf einem Mädchen liegt.

Die Reporter schienen sich zu schämen, als seien sie eben erwischt worden, wie sie über die Trennwand in die Damentoilette gepeilt hätten.

Der Leutnant sah aus, als sei ihm schlecht.

Nur die Bullen blieben, wie sie waren, verschwendeten nicht mehr Gefühl an diesen Vorgang als an die Zielscheibe auf dem Schießstand nach dem Schnellfeuertraining.

Kein Gesicht zeigte Haß.

Plötzlich, zum ersten Mal in meinem Leben, hatte ich die Gewißheit, beteiligt zu sein. Ich wollte »Halt!« schreien. Wir waren dabei, den Kerl da zu vergasen, aber keiner von uns wollte, daß er starb!

Da haben wir unsere Gesellschaft geschaffen, und wir alle sind für das verantwortlich, was sie tut, aber keiner von uns will als Individuum diese Verantwortung tragen. Keiner.

Der Wärter gab ein Zeichen. Ich hörte es zischen, als das Gas um den Stuhl hochwallte.

Der Verurteilte rührte sich nicht. Er befolgte die Anweisungen des Arztes: Er holte ganz tief Luft, wie der Doktor es ihm pantomimisch vorführte. Urplötzlich ging ein gewaltiger Ruck durch seinen Körper, er zerrte an seinen Riemen, der Kopf fuhr herum, und ich konnte sehen, daß er die Augen fest geschlossen und die Lippen über den Zähnen zurückgezogen hatte. Dann fing er zu keuchen an wie ein Baby unterm Sauerstoffzelt, schnell und kurzatmig. Nur war es kein Sauerstoff, was seine Lungen zu verarbeiten suchten.

Der Leutnant wich vom Fenster zurück, blinzelte und übergab sich. Zwei Polizisten stützten ihn und führten ihn hinaus, und wir anderen zogen uns von der Stelle zurück, die er beschmutzt hatte. Bis auf den Politiker. Er hatte es gar nicht gemerkt, er befand sich in Henry-Miller-Ville, in schaffte das.

Ich glaube, der Mann in der Gaskammer hatte es nie für bare Münze genommen, daß er binnen zwei Sekunden sterben werde. Sein Körper krümmte sich noch immer so schauderhaft, und seine Hände glichen Klauen. Ich sah, wie die Kinnmuskeln hervortraten, als habe er Murmeln in den Backen. Schließlich sank er zurück und hing in den Gurten wie ein Fallschirmjäger, den eine Maschinengewehrgarbe erwischt hat. Aber das war noch nicht das Ende. Wieder holte er keuchend Luft, und ich sah, wie seine Rippen sich unter dem weißen Hemd abzeichneten. Danach vergingen zwanzig Sekunden. Wir dachten, er habe ausgelitten.

Dann wieder ein Keuchen. Dann nichts. Eine halbe Minute lang nichts.

Wieder so ein gräßliches Zucken und Keuchen. Endlich nichts mehr. Alles vorbei. Unterwegs zu den Engeln. Dachten wir.

Aber dann tat er es noch einmal. Jede Faser dieses toten zerstörten Körpers strengte sich an, gierte nach Luft. Keine Luft, nur Blausäuregas. Die Nerven lebten noch, wie bei einem

Fisch, der zuckt, wenn man ihm mit dem Messergriff auf den Kopf geschlagen hat. Nur war das hier kein Fisch, den wir sterben sahen.
Sein Kopf fiel zur Seite, und langsam kam seine Zunge zum Vorschein, wie bei einem toten Hirsch. Dann rann ihm etwas aus dem Mund. Es war nur Speichel, man sagte uns, es könne gar nichts anderes sein, aber mich erinnerte es an die Rückstände von Widerständen, die nach einem Kurzschluß verbrannt sind. So schwarz. So verkohlt.
Ganz leise, wie zu sich selbst, murmelte Victor: »Später, Väterchen.«
Das war es. Wir sehen uns wieder, im ewigen Leben, Väterchen. Nur zehn Minuten, und du bist drüben. Der Mister Kurtz, er ist tot. Der Mister Kurtz, der ist ganz mausetot.
Ich glaubte es. Wenn ich mir ansah, was von dem Mann übriggeblieben war – das war wie bei einem Mädchen, das an den Starkstrom geraten ist, und wenn man ihm ein Streichholz vor die Augen hält, dann reagiert es nicht mehr. Nichts mehr. Aus. Ende.
Wir gingen.
Auf dem Weg hinaus mußte ich immerfort an den Leutnant denken, und ich fragte mich, wieso ihm schlecht geworden war. Vielleicht, weil der Mann auf dem Stuhl der letzte gewesen war, der den Körper seiner Liebsten berührt hatte, wenn auch gewaltsam, und weil nun auch diese Bindung zerrissen worden war? Was auch der Grund gewesen sein mochte: sein Körper hatte gespürt, was sein Verstand nicht hatte wahrhaben wollen – dieses Ende war kein Neubeginn, dieser Tod brachte ihm die tote Frau nicht zurück. Dieser Tod, ganz gleichgültig, wie gerecht er in seinen Augen war, hatte ihm nur Übelkeit verursacht.
Victor und ich saßen lange Zeit im offenen Mercedes und blickten hinaus über die sonnenbeschienene, schöne, menschenleere Halbinsel, die nicht, wie man meinen möchte, nach einem Heiligen benannt ist, sondern nach einem armen Teufel

von Indianer, der hier vor ungefähr hundert Jahren gehängt wurde. Bäume und Wolken und blaues Meer, und nirgends ein Vogel. Selbst die Kerle in Schwarz waren verschwunden, aber jetzt verstand ich, weshalb sie hiergewesen waren. Mit ihrem stummen Protest hatten sie die richtige Glocke geläutet. Die aus dem Mittelalter, das sind wir.
Victor holte tief und schnaufend Atem, als könne er nie Luft genug bekommen. Dann sagte er, kaum hörbar: »Wie hat dir denn die Schau gefallen, mein Lieber?«
Ich zuckte ein wenig die Schultern, und mir fiel nichts anderes ein als: »Ganz schaurig, Väterchen.«
»Und ob, mein Lieber. Ich bin ganz melancholisch. Ein Irrsinn, ehrlich.«
Etwas stimmte nicht mit dem Ton, in dem er das sagte, aber ich schraubte die Tequilaflasche auf, und wir tranken sie in einer Viertelstunde aus, pur und ganz ohne alles. Dann ließ er den Motor an, und wir rauschten ab. Und jetzt merkte ich, was nicht stimmte. Als er den Mann in der Gaskammer sah, war Victor zum allerersten Mal klargeworden, daß das Leben viel, viel mehr ist als nur Spaß und Nervenkitzel. Wir beide waren mitverantwortlich für das, was da drin geschehen war, und das Ereignis hatte uns ganz schön zusammengestaucht.
Auf dem 101 scheuchte er den Mercedes mit hundertsiebzig Sachen durch den Verkehr, immer weiter. Es war verrückt, es war das Letzte, aber ich sagte kein Wort. Als die Polizei es schließlich schaffte, uns anzuhalten, da war Victor so wild und ich so still, daß sie uns mit der Hand am Pistolenknauf umzingelten und unsere Arme nach Nadeleinstichen untersuchten. Ich sprach kein Wort, kein einziges. Ich nannte nicht einmal meinen Namen. Da mußten sie in meiner Brieftasche nachsehen, wer ich war. Und während sie das taten, drehte Victor völlig durch. So mit Beißen und Schaum vor dem Mund und allem — er zog eine tolle Schau ab, bis sie ihm schließlich mit dem Knüppel auf den Kopf schlugen. Ich sah nur zu.
Sie nahmen ihm für ein Jahr den Führerschein ab, sonst

nichts, weil sein alter Herr eine Menge Geld für einen Psychiater ausgab, der bezeugte, Victor sei vorübergehend nicht bei Verstand gewesen, und der ihn eine Zeitlang in eine Anstalt steckte. Jetzt ist er wieder draußen, aber er geht immer noch zu seinem Psychiater, dreimal wöchentlich für vierzig Mäuse je Sitzung.

Er braucht das auch. Vor ein paar Tagen bin ich ihm begegnet. Er ging durch den grauen, nebligen, unfreundlichen Februarmorgen, nur in Jeans und kurzem Hemd, barfuß. Er schien in sich gekehrt, deprimiert, ganz mit seinen eigenen Sorgen beschäftigt, aber ich hielt ihn an.

»Ah ... wie geht es dir denn so, mein Lieber. Was treibst du denn in diesem Aufzug?«

Er schüttelte bedächtig den Kopf. »Weißt du, man läßt uns das nicht durchgehen. Daß man lebt, ist ja allein schon ein Verbrechen.«

»Warum hast du nichts an den Füßen, Väterchen?«

»Ich kann keine Schuhe tragen.« Er trat näher, blickte die Straße hinauf und hinab und sagte in tragischem Ernst: »Ich kann nur noch mit den Fußsohlen hören, weißt du ...«

Dann nickte er und tappte davon, lautlos mit nackten Füßen an den Leuten vorüber wie ein Panther, der sich verirrt hat. Er wanderte durch das Gewühl von Obsthändlern und betrunkenen Teenagern und Bullen, die drauf aus waren, ein paar Mann wegen Rauschgiftbesitz festzunehmen. Ich glaube, Victor will nur noch auf die gute alte Mutter Erde hören: was er allein noch hören will, sind die beruhigenden Geräusche der Würmer, wenn sie fressen.

Sie fressen und fressen und warten auf Victor und vielleicht auf die Wiederkunft Christi.

Wer andern eine Falle stellt

Dion Henderson

Als er sah, daß die Bärenfalle aus dem Schuppen verschwunden war, wo er seine Felle und das Gerät aufbewahrte, wußte LaCroix, daß sie ihn töten wollten. Vorher hatte er gedacht, sie wollten ihn nur berauben und dann verschwinden. Schließlich war einer von ihnen sein Neffe, der Sohn seiner Schwester, die vor vielen Jahren in die Stadt gezogen war. LaCroix schnitt eine Grimasse. Vielleicht war es gar nicht so unglaublich. Dennoch, er hatte nicht damit gerechnet. Und jetzt hatten sie die Bärenfalle geholt. Er empfand es als Herausforderung. In der Welt der freien Natur, in der LaCroix alt geworden war, bedeutete es nichts Ungewöhnliches, wenn der Nichtbesitzende den Besitzenden tötete, um den Unterschied zwischen beiden wettzumachen. Und um dann selbst getötet zu werden, fügte LaCroix in Gedanken hinzu, und dachte an den endlosen Kreislauf des Lebens, der von der Maus zum Habicht, vom Habicht zum Fuchs und vom Fuchs zum Wolf führte. Und zu guter Letzt wieder zum Wurm. Er überlegte nicht, ob das gerecht war oder nicht.

Aber daß sie die Bärenfalle gewählt hatten, empfand er dennoch als schwere Beleidigung. Selbst wenn man einen Bären fing, befreite man ihn schnell wieder aus der Falle. Man ließ ihn nicht im Wald hilflos festgekettet, so daß sich die Nagetiere an ihn heranmachen konnten, bevor er tot war. Sie hatten von Fallen gesprochen, speziell von der Bärenfalle, und dann hatten sie seine Falle genommen und für ihn gestellt. LaCroix zweifelte nicht länger, als er sah, daß die Falle verschwunden

war, und es machte ihn wütend.
Zuerst hatte er sich gefreut, als sie auftauchten. Es gab so selten Gesellschaft hier draußen. Die Eichhörnchen, die die Ritzen seines Kamins bewohnten, kamen zwar abends immer heraus, um mit ihm um Kirschkerne zu feilschen, und die langschwänzige Waldmaus wagte sich manchmal die Sparren entlang bis in seine Nähe, wenn er reglos in seiner Koje lag. Aber die Eichhörnchen waren während der Zeit der großen Kälte nicht ansprechbar, schliefen ihren Winterschlaf, und die Maus tauchte nur in sehr unregelmäßigen Abständen auf, zwischen denen sie sich mit den vielfältigen Problemen der Mutterschaft abplagen mußte. Das große Wild, die Füchse, die Kojoten, das Rotwild und die Bären – zeigte nicht die Spur eines freundschaftlichen Verhaltens. Sie teilten nur die Wildnis mit ihm, wie Nachbarn die Stadt mit einem teilen.
Als er das Geräusch des Flugzeugs gehört hatte, dachte er zuerst, es sei eine Gesellschaft von Anglern, die ihm der Ranger schickte. Der Ranger war der einzige Mensch, den er in regelmäßigen Abständen zu Gesicht bekam, und wie die Eichhörnchen tauchte auch er in der Zeit der großen Kälte nicht bei ihm auf. Als das Flugzeug mit dem Rumpf eines Bootes über die kiefernbewachsenen Hügel herankam und dann im späten Junisonnenschein auf seinem See wasserte, lief LaCroix von der Hütte zum Anlegeplatz. Es war das Flugzeug, das ihm regelmäßig die Angler herbrachte und sie nach einer bestimmten Zeit wieder abholte. Und bei dem Gepäck am Steg befand sich auch Angelgerät.
Aber die zwei Männer waren keine Angler. Der eine war La Croix' Neffe, der andere ein Mann, den sein Neffe Al nannte – ein sanft dreinblickender Mann mit harten Augen, der mit dem Neffen wie mit einem zurückgebliebenen Kind oder einem besonders klugen Hund sprach. Der Mann trug einen schwarzen Strohhut mit einem weißen Band, den er nicht abnahm, bis er zu Bett ging.
Sie hatten sich keine Lebensmittelvorräte mitgebracht. LaCroix

buk Plätzchen, bereitete Sirup aus geschmolzenem braunem Zucker und röstete dünne Scheiben Schweinebauch. Aber weder sein Neffe noch der Mann, den er Al nannte, hatten großen Appetit.

»Morgen früh werden wir uns Fisch zum Essen fangen«, entschuldigte sich LaCroix. »Wir fahren mit dem Boot hinüber zum anderen Ende des Sees, wo die großen Fische im kalten Wasser stehen.«

»Nein«, sagte der Mann namens Al. »Sie werden allein hinfahren.«

LaCroix war überrascht.

Sein Neffe fügte hinzu: »Al will damit sagen, daß wir uns mit dem Fischen im See nicht so gut auskennen. Wir fischen sonst meistens in Bächen und Flüssen.«

»Aber was ist mit eurem Angelzeug?« fragte LaCroix. »Ihr habt doch Angelzeug mitgebracht, sogar eine Schleppangel.«

»Dann benützen Sie es doch«, sagte Al.

LaCroix wußte nicht, was er antworten sollte. Sie saßen um den Tisch, den LaCroix aus einem großen Holzblock angefertigt und säuberlich glattpoliert hatte. Der Mann namens Al schaute sich in dem großen Raum um, wo die Felle an den Wänden hingen — schmale Hermelinfelle, große, runde, ausgewachsene Biberfelle, dichte Fuchspelze —, als wolle er sich alles genau einprägen.

»Das ist eine ganze Menge wert«, sagte er zuletzt. »Verkaufen Sie die Felle denn nicht?«

»Nur hier und da, das eine oder andere«, meinte LaCroix. »An einen der Angler, der nicht ohne ein hübsches Geschenk nach Hause kommen will. Ich brauche das Geld nicht.«

Sie verstanden nicht, was LaCroix damit sagen wollte. Sein Neffe sagte schnell zu Al: »Schau, der Onkel braucht kein Geld. Wenn er welches braucht — es gibt genug Gold in den Flüssen hier in der Gegend. In all den Jahren hat er das Gold aus den Flüssen gesammelt und behält die Felle für sich.«

Al schaute ihn an; seine Augen leuchteten auf einmal.

»Seit so vielen Jahren sammeln Sie das Gold? Sie heben es wohl für jemand auf, was?«
Na schön, dachte LaCroix. Lassen wir es dabei.
»Es ist ganz einfach«, meinte er. »Man braucht nur eine Bratpfanne und zwanzig, dreißig Jahre Zeit.«
Sie sprachen nicht weiter darüber, aber LaCroix begann zu begreifen. Als er den Eimer nahm und den Pfad entlang hinunter zur Quelle ging, wurde ihm klar, daß sie sich hinter seinem Rücken darüber unterhielten. Na schön, sollten sie doch; sie konnten ihn nicht zwingen, mehr über das Gold zu verraten. Selbst in seinem Alter hatte er mehr Kräfte als die beiden zusammen. Töten konnten sie ihn nicht, denn als Toter war er nicht mehr imstande, ihnen zu sagen, wo sich das Gold befand.
Er kam mit dem Eimer voll Wasser ins Haus zurück, und die beiden saßen wie vorher auf den Stühlen da, die er aus sorgfältig zusammengebundenen Geweihstangen angefertigt hatte. Aber LaCroix entdeckte sofort – ohne es sich anmerken zu lassen –, daß der Hahn des Karabiners über dem Kaminsims gespannt war. Also hatten sie die Waffe heruntergenommen, die Patronen entfernt und sie dann wieder an Ort und Stelle gehängt.
Sie machten einen zufriedenen Eindruck. Auch LaCroix fühlte sich wohl. Er freute sich, jemand zu haben, mit dem er reden konnte, und er versuchte, das Beste daraus zu machen, weil er wußte, daß es doch nur für kurze Zeit sein würde. Aber zugleich spürte er eine immer stärker werdende Erregung. Die wilden Tiere zu überlisten war eine feine Sache – aber es war im Grunde genommen nicht ganz fair. Für jeden wirklichen Jäger ist der Mensch selbst das edelste Wild.
Also legte LaCroix das Feuer nach, als die Kühle vom See heraufkam, rührte sich einen großen Löffel wilden Honig in seinen Kaffee und erzählte ihnen Geschichten vom Gold, von Pelzen und vom Fallenstellen. Er berichtete von einem Nugget, der so groß gewesen war wie seine Faust und den er im seich-

ten Wasser eines Forellenteichs gefunden hatte, und von dem Bären, der seine Falle einen Tag und eine Nacht mit sich herumgeschleppt hatte, bevor LaCroix ihn befreien und erlegen konnte.

»Hätte er sich denn nicht losmachen können?« fragte LaCroix' Neffe.

»Nicht, wenn es ihn sauber erwischt hat, an der richtigen Stelle«, sagte LaCroix. »Dann kann kein Bär aus der Falle entkommen. Und auch kein Mensch, nebenbei bemerkt. Die Falle und die Kette wiegen zusammen schon siebzig Pfund, abgesehen von dem Gewicht der Verankerung. Die ist bei meiner Falle aus Eichenholz und mit fast vierzig Pfund Metall beschwert.«

»Das kann ein Mensch allein nicht weit schleppen«, sagte Al.

»Ein Bär normalerweise auch nicht«, entgegnete LaCroix. »Aber es ist weniger das Gewicht, was einen Bären behindert. Der Ankerklotz verhängt sich in den Sträuchern, und es braucht schon sehr viel Kraft, sich dann wieder loszureißen.«

»Ich wußte gar nicht, daß man sich überhaupt mit einer Falle losreißen kann«, sagte der Neffe.

»Wenn du Glück hast, erwischt die Falle den Bären an beiden Beinen«, sagte LaCroix. »Manchmal kommt es nämlich vor, daß sich ein besonders starker und entschlossener Bär den festgeklemmten Körperteil abreißt, um sich zu befreien.«

Der Neffe war ein wenig bleich geworden, wie LaCroix bemerkte. Al dagegen hatte sich nicht verändert.

LaCroix sagte: »Ich kannte einmal einen Mann vom Stamme der Chippewas, der mit dem Bein dicht über dem Knöchel in eine Bärenfalle geriet. Obwohl der Knochen durch das Zuschnappen der Feder nicht ganz gebrochen war, band er sich seinen Gürtel fest um das Bein, um nicht zu verbluten, und schnitt sich dann aus der Falle frei.«

LaCroix' Neffe wurde noch ein wenig blasser.

»Die Chippewas sind ein sehr stolzer, mutiger Stamm«, erklärte LaCroix. »Und sie sind praktisch veranlagt. Hätte er sich nicht den Fuß abgetrennt und befreit, wäre das eingeklemmte Bein spätestens nach zwei Tagen abgestorben und brandig geworden. Ohne Wasser hätte er bald durchgedreht. Dann wären die Insekten gekommen, und bald danach hätte der Verwesungsgeruch alle kleinen Tiere angelockt.«

Zur Erklärung fügte er hinzu: »Die kleinen mit den scharfen Zähnen. Da ist es schon besser, rechtzeitig mutig zu sein.«

Al und LaCroix' Neffe hatten darauf nicht viel zu erwidern. LaCroix zeigte ihnen, wo sie schlafen sollten, und ging dann selbst zu Bett.

Am nächsten Morgen verließ er die Hütte, während die beiden noch schliefen, und fuhr mit dem Boot hinaus auf den See. Einen Augenblick lang dachte er daran, daß er ja nur zu verschwinden brauchte. Sie wären vermutlich verhungert, ehe der Ranger oder der Mann mit dem Flugzeug sie finden konnte. Aber ein Neffe gehört zur Familie, und LaCroix hatte keine anderen Verwandten als diese Schwester.

Deshalb kam er vor Mittag zur Hütte zurück mit vier Hechten, deren weißes Fleisch leicht von den Gräten ging und etwas süßlich schmeckte. Er wusch die Fische sehr sorgfältig, trocknete sie, nahm sie aus und packte sie in Torf.

Er war allein in der Hütte. LaCroix schaute in den Schlafraum und in die Küche, dann ging er zum Schuppen, wo er die übrigen Felle und die Geräte aufbewahrte. Und da entdeckte er, daß seine Bärenfalle fehlte, und wurde sehr zornig. Er durchsuchte rasch die Hütte, aber sie hatten nichts übersehen, sein Neffe und Al. Keine Waffen, kein Stück Munition hatten sie ihm dagelassen.

LaCroix verließ die Hütte und folgte dem Pfad durch das Fichtendickicht. Vom Kamm des ersten Hügels aus blickte er hinunter auf sein Land, so, wie ein Städter auf seinen Garten blicken mochte. Da war der See, der etwas weiter oben in dem Sumpf endete, wo die Quellen aus der Erde brachen und sich Ströme von eiskaltem Wasser in ihn ergossen. Dann der Fluß selbst, der eine große Schleife in Form eines Hufeisens bildete und eine weite Fläche von Brombeergesträuch fast ringsum eingrenzte, das von hier aussah wie ein wogendes, smaragdgrünes Meer. Es wucherte auf einem Untergrund von Asche und Holzkohle, denn dort hatte einmal ein Buschfeuer gewütet, das vom Fluß aufgehalten worden war. Unterhalb des Hügelkammes vereinigten sich mehrere kleine Rinnsale zu einem größeren Bach, der zwischen hohen Ufern dahinfloß und weiter unten in den Fluß mündete. Jetzt, Ende Juni, führte er nur wenig Wasser. Zur Zeit der Schneeschmelze aber wälzte er sich in seinem bis an den Rand mit gurgelndem Wasser gefüllten Bett dahin, und kein Mensch konnte gegen die Strömung ankämpfen.

Vom Pfad dort oben konnte LaCroix das alles gut überblicken, und er sah auch hinter der Brombeerbuschwildnis, dort wo der Fluß fast bis zu dem ursprünglichen Punkt seiner Schleife zurückkam, die Stelle, wo sein Kanu versteckt war. Dort, unterhalb der Stromschnellen, lag es sicher, und wenn er von der Fahrt zur nächsten Siedlung zurückkam, war es leichter und einfacher, das Kanu an dieser Stelle liegenzulassen und die letzte Strecke bis zu seiner Hütte zu Fuß zu gehen, als gegen den reißenden Fluß anzupaddeln.

Während er dort oben stand und sein Land betrachtete, tauchten sein Neffe und Al in der Nähe der Stelle auf, wo sein Kanu lag. Sie gingen langsam und machten einen erschöpften Eindruck. Aha, dachte LaCroix. Es war eine ganz schöne Strecke. Und eine schwere Last.

Der Zorn ergriff nun ganz von ihm Besitz. Er war nur selten wirklich zornig. Wenn man ein Mitglied in der großen Gemeinschaft der Wildnis sein will, darf man nicht seine eigenen Gesetze auf die anderen anwenden. Man beobachtet die Gesetze derer, mit denen man die Gemeinschaft teilen muß, und dann verhält man sich entsprechend. Diese Gesetze sind von Individuum zu Individuum verschieden. Es gibt ein Gesetz für die Eichhörnchen, die kleinen, possierlichen Tiere, denen es in erster Linie um Kirschkerne, Pfirsichkerne und Tomatensamen

geht. Für die Waldmaus gibt es ein anderes Gesetz, wenn es auch dem der Eichhörnchen weitgehend gleicht. Das Gesetz für den Wolf dagegen ist sehr verschieden – es ist ein Gesetz ohne Mitleid und Nachsicht, aber dennoch ein gerechtes, ehr-
ohne Mitleid und Nachsicht, aber dennoch ein gerechtes, ehr-
würdiges Gesetz. Und es gibt ein Gesetz, das nur für die Menschen gilt. Ihr Gesetz. Recht so, dachte LaCroix. Und so soll es auch sein.
Er ging zurück zur Hütte und zündete ein gewaltiges Feuer im Herd an. Der Kamin wurde so heiß, daß die Eichhörnchen aus den Ritzen kamen, zitternd auf den obersten Steinen saßen und auf LaCroix herunterschimpften. Als sein Neffe und der andere Mann zur Hütte kamen, hatte LaCroix einen von den großen Fischen in der Mitte geteilt und ließ ihn auf dem Blech zusammen mit den Kartoffeln braten, während er im Backofen einen Brombeerkuchen buk.
Er war sehr guter Laune. Sein Neffe und Al dagegen nicht. Sie trugen nagelneue Kleidung, die sie sich mitgebracht hatten, Flanellhemden und Segeltuchhosen mit breiten Gummieinfassungen. Sie hatten die Hemden durchgeschwitzt, und in den luftundurchlässigen Hosen lief ihnen der Schweiß in Strömen vom Leib.
»Ihr habt nur keine gute Kondition«, sagte LaCroix. »Wenn ihr jeden Morgen solch einen Marsch macht, wird sich das bald bessern.«
»Wenn ich jeden Tag so weit marschieren müßte«, sagte Al in bitterem Ton, »dann wäre ich schon morgen ein toter Mann.«
»Ach, darüber würde ich mir keine grauen Haare wachsen lassen«, meinte LaCroix. »Vielleicht sind Sie morgen wirklich schon ein toter Mann.«
Al ließ die Gabel voll Brombeerkuchen ruckartig sinken.
»Was meinen Sie damit?« Seine Augen waren hart und kalt.
»Unsinn«, sagte LaCroix' Neffe. »Es war nur so eine Redensart, nicht wahr, Onkel?«
»Nein«, antwortete LaCroix.

»Mir gefällt das nicht«, sagte Al. »Ganz und gar nicht.«
Er langte in seine Hüfttasche und zog eine kleine, bösartig aussehende Pistole hervor.
»Aber vielleicht bin ich nett zu euch«, sagte LaCroix und lachte unbändig. »Wie wär's, wenn ich euch verriete, wo das Gold ist?«
»Na also, jetzt kommen wir voran«, sagte Al.
»Vielleicht wollt ihr auch wissen, wie Strychnin schmeckt, wenn man es mit Brombeeren mischt.«
Der Mann richtete die Pistole direkt auf LaCroix' Bauch.
»Erschieß ihn noch nicht«, sagte LaCroix' Neffe. »Sonst erfahren wir es nie.«
»Andererseits«, meinte LaCroix, »selbst, wenn ihr die Antworten auf diese beiden Fragen kennt, wird euch das nicht viel weiterbringen. Wissen ist eben doch nicht alles, habe ich recht?«
Er ging zum Kamin und stocherte in der Asche herum. Als Hand mit der Waffe folgte seinen Bewegungen.
»Zum Teufel damit«, sagte Al plötzlich. »Ich erschieße ihn hier und jetzt, und dann nehmen wir die Hütte auseinander und finden das Gold.«
»Ja«, entgegnete der Neffe, »und dann taucht der Ranger auf und findet den Alten mit einer Kugel in der Brust, und wir kommen mit dem Gold nicht mal so weit, daß wir es ausgeben können.«
Einen Augenblick lang richteten sich die harten Augen des Mannes namens Al auf den Jüngeren. LaCroix beugte sich über das Feuer, eine Bratpfanne in der Hand, und als sich Al ihm wieder zuwandte, kippte ihm LaCroix die Pfanne voll glühender Asche ins Gesicht und war mit einem einzigen Satz aus der Tür. Die kleine Pistole gab einen scharfen Laut von sich, während er hinauslief, und er fühlte den Schmerz in seinem Arm. Es war kein sehr großer Schmerz. In LaCroix' Augen konnte eine so kleine Waffe keinen großen Schaden anrichten. Er fand, das war eine Pistole, mit der man höch-

stens Leute im Schlaf erschießen konnte.
Er rannte über die Lichtung und rechnete damit, daß die Pistole noch einmal losgehen würde, aber der scharfe Ton blieb aus. Die heiße Asche hatte ihren Zweck erfüllt. Er erreichte den Rand des frisch aufgeforsteten Wäldchens und war auf dem Pfad hinunter zum Fluß verschwunden, ehe er an den Rufen erkannte, daß die beiden aus der Hütte herausgekommen waren. Es wäre schade, dachte er, wenn die Hütte niederbrannte. Aber der Boden war aus Stein, also brauchte er das kaum zu befürchten.
LaCroix kam sehr schnell voran. Er wußte nicht genau, was er jetzt tun sollte, aber er war entschlossen, nicht davonzulaufen. Schließlich war das Ganze auch eine Art Herausforderung für ihn, und er spürte jetzt zwei verschiedene, aber gleichstarke Gefühle in seinem Inneren. Das eine war Zorn — das andere Erregung und Jagdlust. Die meisten Vorteile, die er bisher gehabt hatte, waren jetzt verloren. Und trotzdem hatte er noch Aussicht auf Erfolg.
Einmal blieb er im Schatten der Bäume stehen und untersuchte seinen Arm. Das viele Blut erstaunte ihn. Es hatte sein Hemd bis an die Manschette durchtränkt, und auch seine Hand war rot. Als er versuchte, den Arm zu heben, kam er nicht sehr weit. Er war überrascht. Sicher, die Wunde schmerzte auch ein wenig — aber Wunden schmerzten immer, das war nichts Besonderes. LaCroix riß den Hemdsärmel ab und verband damit die Wunde. Wenn er einen Augenblick Zeit hatte, würde er sein Messer nehmen und das Geschoß herausschneiden. Es war nicht gut, wenn das Geschoß zu lange im Fleisch steckte.
Er war jetzt vielleicht einen knappen Kilometer von der Hütte weg. Gelegentlich hörte er laute Rufe, aber die beiden wußten noch nicht, wohin er gelaufen war. Ein Stück vom Pfad entfernt legte er sich in das hohe Gras am Flußufer. Er befand sich ein Stück flußaufwärts von dem großen Teich, wo der Fluß die erste Kurve des Hufeisens machte und die Gewalt des

zur Seite gedrängten Wassers Strudel verursachte, die fast den Stromschnellen glichen.
Die Stelle lag noch oberhalb der Strudel, aber der Wind blies von dort auf LaCroix zu. Sehen konnte er wegen der Flußbiegung nicht viel. Aber seine Nase traf ein ganz bestimmter Geruch, er nahm die Witterung auf.
Er verließ den Fluß und ging im rechten Winkel auf den Wasserlauf in der Klamm zu. Der Wind wehte nur leicht, aber La Croix achtete darauf, daß er ihn von der Seite traf, selbst hier, in der sicheren Deckung des dichten Buschwerks. Schließlich erreichte er die Klamm und ließ sich vorsichtig über die Böschung hinunterrollen, bis er unten im zehn Zentimeter tiefen Wasser auf den Beinen ankam. Die Böschung war mehr als mannshoch. LaCroix blieb im seichten Wasser und ging stromaufwärts.
Da, wo die Rottannen begannen, verließ er die Klamm. Jetzt befand er sich am obersten Punkt des dichten Brombeerdschungels. LaCroix schlich geduckt auf den Wildpfaden vorwärts. Von Zeit zu Zeit pausierte er, um ein wenig zu rasten und zu lauschen, und zwischendurch aß er ein paar große rote Beeren, deren zartes Fleisch gut schmeckte. Dieses Jahr waren sie ungewöhnlich früh reif.
Die Stimmen vernahm er schon seit längerer Zeit nicht mehr. Zweifellos suchten sie ihn am Seeufer, in der Annahme, daß er auf dem kürzesten Weg geflohen sei.
Von wegen Flucht, dachte LaCroix. Es kommt immer darauf an, wer der Jäger ist und wer der Gejagte, eine Sache, die sich inzwischen von Grund auf geändert hatte.
Auf halbem Weg durch das Brombeergestrüpp erhob sich wieder die leichte Brise. LaCroix richtete die Nase in den Wind und schnüffelte. Einen Augenblick später sah er den jungen Bären.
Er war nicht größer als ein Hund, saß auf den Hinterbeinen vor einem Brombeerbusch und hielt eine Ranke mit seiner Pfote hoch, während er die Beeren wie ein Kenner mit der

Zunge und den Zähnen von den Stielen zupfte. Der junge Bär erblickte LaCroix und stieß ein erschrecktes »Whuff-f!« aus. Seine großen Ohren stellten sich possierlich auf.
LaCroix kroch sehr leise näher und fragte sich, wie weit dieses »Whuff-f« wohl im Gegenwind zu vernehmen sei. Aber nichts geschah, und nach einer Weile wandte der junge Bär seine Aufmerksamkeit wieder den Beerenranken zu.
Auch LaCroix zupfte ein paar Beeren von einem Zweig. Der kleine Bär schaute zu ihm hinüber, streckte die schmale Zunge heraus und leckte sich über die Nasenspitze. Aber er knurrte nicht noch einmal, und bald pflückten LaCroix und er gemeinsam die Brombeeren von den Sträuchern.
Dann schlich LaCroix näher auf den Fluß zu – in Richtung auf die Stelle, wo sein Kanu versteckt lag.
Der kleine Bär richtete wieder die Ohren auf und beobachtete ihn. LaCroix streute eine Handvoll Beeren auf den Pfad und verschwand. Augenblicklich folgte ihm der kleine Bär und schnüffelte. Die Beeren hatten einen sonderbaren Geruch, der ihm gar nicht gefiel, aber sie schmeckten köstlich. Vorsichtig kam er mit hochgestellten Ohren hinter LaCroix her, halb aufrecht und in der zugleich sonderbaren und geschmeidigen Gangart der Braunbären.
LaCroix blieb stehen und pflückte ein paar Beeren. Der kleine Bär wartete. Kein Zweifel, er wollte gefüttert werden. LaCroix ging weiter auf den Fluß zu und streute die Beeren hinter sich auf den Weg. Der kleine Bär folgte ihm. LaCroix kicherte.
»Eine kleine Vorauszahlung, junger Herr«, sagte LaCroix leise. »Für das, was später wird geschehen müssen.«
Der kleine Bär setzte sich auf und stieß wieder ein »Whuff-f« aus, aber diesmal viel leiser als vorhin. Die Stimme des Mannes hatte ihn beunruhigt. Dann kam er hinter ihm her und suchte die nächste Handvoll Beeren auf dem Weg. Wenn man sich erst an den Geruch gewöhnt hatte, waren die sonderbaren Geräusche des Mannes leicht zu ertragen. LaCroix rümpfte seinerseits die Nase. Die Gefühle auf beiden Seiten waren die

gleichen. Auch ein kleiner Bär duftet nicht gerade nach Rosen. Dann entdeckte LaCroix die beiden Männer – seinen Neffen und den Mann namens Al, die noch immer nach ihm Ausschau hielten. Sie standen auf dem oberen Weg, den er am Vormittag gegangen war, und hoben sich deutlich gegen den Himmel ab; Menschenjäger! knurrte LaCroix voller Abscheu, so daß er den kleinen Bären erschreckte. Wenn er nur seinen Karabiner gehabt hätte! Aber er hatte ihn eben nicht. Er hatte überhaupt nichts, abgesehen von einem verletzten Arm und seinen Erfahrungen aus vielen anderen Situationen, in denen er dem Tod gegenübergestanden hatte.

Die Männer oben auf dem Pfad schauten direkt zu ihm hinunter, und er bewegte sich absichtlich außerhalb der Deckung, so daß sein rotes Hemd im Sonnenlicht aus der Umgebung in Grün und Braun herausstach. Einer der beiden Männer stieß einen Ruf aus, und als LaCroix sicher war, daß der Schrei ihm gegolten hatte, duckte er sich wieder zwischen die brusthohen Sträucher.

Er konnte die beiden gerade noch sehen, wie sie in ihren neuen, steifen Hosen über den Hügel hinunterliefen, der eine kam von der Biegung des Flusses her direkt auf ihn zu, der andere machte einen weiteren Bogen, um ihm den Weg in die Wälder abzuschneiden.

Menschenjäger! dachte LaCroix wieder voller Abscheu.

Der erste der beiden hatte die Ebene erreicht; er eilte auf die Klamm zu und befand sich bald zwischen LaCroix und der Stelle, wo sich der Fluß aufstaute. Die Klamm lag genau in der Mitte zwischen ihnen. LaCroix erhob sich wieder, um die Situation zu überblicken, und auch der Mann blieb stehen. Aus seiner Hand schoß eine kleine Rauchwolke, aber es war kein Rauch, sondern Pulverdampf – und erst dann hörte La Croix den Knall. Es war also der Mann, den sein Neffe Al nannte. Und er befand sich genau in dem Gebiet zwischen La Croix und der breiten, seichten Stelle an der Biegung des Flusses.

LaCroix legte die rechte Hand auf seinen linken Arm, der inzwischen fast völlig steif geworden war, und schaute auf den kleinen Bären. Der Bär saß aufrecht da, die Ohren hochgestellt, die Schnauze voll Brombeeren. Er beobachtete jede Bewegung von LaCroix genau.

»Bär«, redete LaCroix ihn jetzt ganz förmlich an, »Bär, du sollst wissen, daß ich dir dies nicht zum Spaß antue.«

Der kleine Bär schaute eindringlich zu ihm hoch. Er fühlte eine gewisse Veränderung. LaCroix sprang auf ihn zu und stieß ihn um. Der kleine Bär quietschte laut auf vor Schmerz und Enttäuschung. Jetzt gab ihm LaCroix noch einen tüchtigen Tritt aufs Hinterteil. Der Bär quietschte noch einmal – ein jämmerliches Wehklagen. Dann humpelte er durch die Büsche davon.

LaCroix lag sehr still unter dem Beerengestrüpp. Er hörte die Geräusche des fliehenden, kleinen Bären, dazu in der Ferne die Geräusche der beiden Männer und ihre Rufe. Dann plötzlich vernahm er auch ein übermächtiges zorniges Brummen.

Jetzt stand er auf, ohne darauf zu achten, was die beiden Männer taten. Darauf kam es nicht mehr an. Er beobachtete, wie der kleine Bär auf die Klamm und den dahinterliegenden Fluß zuhumpelte, der Mann namens Al war direkt auf dem Pfad des kleinen Bären, dahinter die Zuflucht des kleinen Bären, der personifizierte Zorn, die Bärenmutter.

Die Bärin hatte sich aus dem Fluß erhoben und war nur einen Augenblick auf allen vieren stehengeblieben, in der für Bären typischen Haltung, plump, würdevoll und tödlich zugleich. Nun schwang sie den Kopf von einer Seite zur anderen, bis ihre Nase und ihre Ohren die Gegend ausgemacht hatten, das Ziel ihres übermächtigen Zorns. Sie konzentrierte diesen Zorn, bei dem es keinen Raum mehr gab für Bedenken, Vorsicht oder Angst, auf den Menschen, der dort zwischen ihr und ihrem Jungen stand, das er offenbar anzugreifen gewagt hatte.

LaCroix beobachtete die Szene interessiert. Die Bärin war schon alt und riesengroß, dazu mindestens vier Zentner schwer. LaCroix' Neugier war die Neugier des Jägers und Hegers, ein fast wissenschaftliches Interesse. Es ist sehr selten, daß man beobachten kann, wie ein Bär einen Menschen anfällt.

Anschließend ging LaCroix das kleine Stück zum Fluß, wo sein Kanu lag. Jetzt bewegte er sich sehr behutsam. Die beiden hatten sich ein gutes Versteck für die Bärenfalle ausgesucht. Sie stand so, daß man das Kanu unmöglich umdrehen und ins Wasser stoßen konnte, ohne in sie zu geraten.

Das waren schöne Menschenjäger! dachte LaCroix. Sie hatten die Falle mit langen Grasbüscheln bedeckt und das Gras über den Scharnieren und der Fallenpfanne aufgehäuft, aber nach einem Tag war es schlapp und welk und hatte sich um das Metall gelegt, so daß die Form der Falle so deutlich hervortrat, als hätten sie sie auf einem Podest aufgebaut.

Sein Gesicht verzog sich vor Abscheu und Verachtung, und wieder erwachte die Wut in ihm. LaCroix watete in den Fluß und näherte sich der Stelle vom Wasser her; dann drehte er das Kanu mit seinem unverletzten Arm um und zog es über den Schlick bis ins seichte Wasser. Er hielt es mit Mühe fest, während er sich hineinsetzte, doch zuletzt schwang er die Beine sicher in das Boot. Danach nahm er das Paddel und stieß es gegen den sandigen Grund wie eine Stange, bis sich das Kanu vom Grund löste und ein Stück auf den Fluß trieb.

»Warte, Onkel«, schrie sein Neffe außer sich vor Entsetzen vom Ende des Pfades durch die Brombeeren herüber. »So warte doch auf mich.«

LaCroix paddelte ein wenig zurück. Der junge Mann befreite sich von den letzten Dornenranken und taumelte erschöpft und zitternd vor Angst auf das Flußufer zu.

»Warte!« keuchte er atemlos.

»Aber nicht lange«, sagte LaCroix und brachte das Kanu mit dem Paddel in eine genau vorausberechnete Stellung zum Ufer. Dort hielt er es fest, indem er das Paddel auf den Grund stieß.

Auf dem Gesicht seines Neffen malte sich deutlich Erleichte-

rung. Vorsichtig tastete er sich nach unten, dem Wasser zu. Sein Fuß verfing sich in einer Wurzel. Er glitt in dem morastigen Boden aus und fiel mit ausgestreckten Händen direkt auf den Haufen vertrocknetes Gras. Die beiden Fangarme der Falle erhoben sich aus dem Gras wie ein Lebewesen und schnappten an seinen Armen dicht unter den Ellbogen zu.
Der Neffe kreischte laut auf. Wie eine Frau, fand LaCroix.
»Aha«, sagte er vom Kanu her, das keine zwei Meter von der Stelle entfernt war. »Zuletzt erweist er sich noch als brauchbarer, ordentlicher Neffe, denn er hat meine verlorengegangene Bärenfalle wiedergefunden.«
Sein Neffe sagte keinen Ton.
»Dummerweise hat er nicht auch noch die Vorrichtung gefunden, mit der man sie öffnen kann«, fuhr LaCroix fort. »Die vermisse ich noch länger als die Falle selbst.«
Sein Neffe lag in einer seltsam ausgebreiteten Stellung in der Falle. Es war deutlich zu sehen, daß er unwiderruflich festsaß. Seine Hände baumelten schlaff herunter.
»Zwei Männer können mit Hilfe einer Eisenstange die Falle auch ohne den Fallenspanner aufbekommen«, erklärte La Croix. »Aber nicht, wenn der eine in der Falle sitzt und der andere nur einen heilen Arm hat.«
Sein Neffe schwieg noch immer.
»Gut, daß du die Ruhe bewahrst«, sagte LaCroix. »Wenn du dich sehr ruhig verhältst, wird sich die Bärin vielleicht daran erinnern, daß sie im Grunde vor Menschen Angst hat, und nicht weiter näherkommen.«
»Ich wollte dich nicht verletzen«, sagte der junge Mann. »Es war nur das Geld. Mein Leben lang hat man mir von dir erzählt, wie du hier draußen lebst mit all dem Gold.«
»Natürlich«, erwiderte LaCroix. »Und denk mal, was ich für ein zuvorkommender Onkel bin: Ich überlasse es dir!«
»Ja!« sagte der junge Mann. Seine Stimme klang bitter.
»Es ist wahr«, erklärte LaCroix. »Es steckt in der Verankerung. Ich habe euch doch gesagt, daß die Verankerung der Fal-

le mit vierzig Pfund Metall beschwert ist – vierzig Pfund reines Gold. Du kannst es hüten, bis ich zurückkomme. Das Gold, und die Falle dazu.«

»Du willst mich doch nicht hier alleinlassen?« Auf dem Gesicht des jungen Mannes spiegelte sich wieder die nackte Angst.

»Ich habe keine andere Wahl«, antwortete LaCroix. »Das kannst du mir glauben, mein Junge. Ich bin ein sehr mitfühlender Mensch. Aber ich kann dich nicht aus der Falle befreien, und ich kann auch nicht hier sitzen bleiben und zusehen, wie du langsam den Geist aufgibst.«

»Laß mich nicht allein.« Der junge Mann begann zu schluchzen.

»Außerdem gibt es auch für mich bestimmte Regeln, die ich einhalten muß«, sagte LaCroix. »Ich muß alle Jagdunfälle melden, so auch zum Beispiel, daß jemand mit einer kleinen Pistole nach einer Bärin geschossen hat. Der Ranger ist da sehr genau.«

»Bitte«, schrie sein Neffe. »Ich will das Gold nicht!«

»Es ist gut, daß du zu diesem Entschluß gekommen bist«, entgegnete LaCroix. »Aber soviel ich sehe, bist du momentan inniger mit ihm verbunden als je zuvor.« Er machte eine Pause. »Ich bin übermorgen zurück«, fuhr er nach einer Weile fort, »vielleicht auch einen Tag später. Es wird nicht ganz einfach sein für mich, mit meinem verletzten Arm bis zur Siedlung zu paddeln. Inzwischen hast du Gelegenheit, ein paar Erfahrungen zu sammeln über Menschen in Bärenfallen, die du mir danach berichten kannst.«

Er hob das Paddel über seinen Kopf.

»Nein!« kreischte der junge Mann. »Nein! Nein!«

»Ja«, sagte LaCroix. »Jaja.«

Er holte mit dem Paddel weit aus, und das Kanu schoß in die Strömung hinaus. Der junge Mann hinter ihm war plötzlich still geworden.

Brief an den Herausgeber

Morris Hershman

Sehr geehrter Mr. Hitchcock,

ich schreibe an Sie, weil ich von Ihnen gehört habe und weil ich Ihren Rat brauche. Freunde von mir behaupten, ich sei ein richtiger Schriftsteller. Jedenfalls kann ich Briefe schreiben.
Vielleicht können Sie mir sagen, ob meine Sorgen berechtigt sind oder nicht. Was ich Ihnen jetzt erzähle, geschah wirklich. Wenn Sie daraus eine Story machen wollen, kann ich Ihnen dabei helfen. Ich erzähle die Geschichte, und Sie müssen sie nur niederschreiben.
Es passierte in Brighton Beach, Coney Island – Sie wissen schon, in Brooklyn.
Immer wenn ich hinausfahre, nehme ich eine Decke mit, breite sie am Strand aus und ziehe Hemd und Hose aus. Meine Badehose habe ich meist schon an. Dann lege ich mich in den Sand und lasse mich von der Sonne bräunen. Mein Auto parke ich bei dem alten Holzschild, auf dem Bay 2 steht. Viele Leute meines Alters kommen da hinaus. Am liebsten liege ich im Sand und betrachte die Strandpromenade. Obwohl auf vielen Schildern steht, man dürfe nicht ohne Hemd und Hose da oben gehen, hält sich kaum jemand daran.
Die Geschichte, die ich Ihnen erzählen will, geschah gerade an jenem Nachmittag. Sie wissen, wie es in der City war: 40 Grad Celsius im Schatten. Die Leute fielen um wie die Fliegen. Sogar am Strand fühlte sich der Sand wie Nadeln unter den Sohlen an.

Nachdem ich eine halbe Stunde gewartet hatte und keiner meiner Freunde aufgetaucht war, ging ich ins Wasser. Normalerweise wate ich so weit hinein, bis mir das Wasser bis an die Knie geht, dann springe ich ganz hinein. Ich schwamm ein Stück über die erste Boje hinaus. Wie bei allen anderen ist ihre Spitze rot, und an den Seiten sitzen kleine Muscheln. Plötzlich sah ich einen Mann, der auf mich zugeschwommen kam. Ungefähr sechs Meter entfernt hörte ich einen anderen Mann »Sam!« schreien, und dann war nur noch das Geräusch von aufsteigenden Blasen. Der Mann war verschwunden (nennen Sie den, zu dem ich hingesehen hatte, Nummer eins, damit Sie nicht verwirrt werden). Plötzlich tauchte er wieder auf und hatte seinen Arm um den Nacken des anderen geschlungen. Er zog ihn zum Strand. »Dieser Mann ist verletzt!« schrie er.

Auch ich kann ziemlich laut brüllen: »Macht ihnen Platz!«

Am Strand versuchte man es mit künstlicher Beatmung. Ich kam hinzu und sah einen bulligen Bademeister im weißen Hemd. Er hatte die Beine des Verunglückten zwischen seine eigenen geklemmt und arbeitete mit den Armen wie ein Uhrpendel. Solange ich lebe, werde ich es nicht vergessen.

Ich habe keine Ahnung, wie lange das dauerte.

Der Mann, der ihn angeschleppt hatte, stand etwas abseits. Er trug eine hellrote Badekappe und eine Badehose mit weißen Streifen an den Seiten. Er sah aus wie eine Bohnenstange. Ein Typ, der wahrscheinlich nie aufhören kann zu essen. Seine großen braunen Augen blickten ins Leere.

»Armer Mensch, wer es auch ist«, sagte er zu den Leuten. Plötzlich zeigte er in eine bestimmte Richtung. »Da!«

Ich folgte seinem Finger, aber alles, was ich sehen konnte, war die übliche Strandszenerie: Kinder, die Eiskrem verkauften oder Blechdosen mit Orangensaft oder kalten Kakao oder Tüten mit Kartoffelchips. Man kann die Verkäufer leicht erkennen, weil sie weiße Helme tragen wie Großwildjäger in den Filmen über Afrika.

Links von mir ging ein Bursche von einem Mädchen zum anderen, um ein »Gespräch« zu beginnen. »Aufgabeln« nennt man das heutzutage. Viele Leute treffen sich an Bay 2 zufällig wieder, weil sie oft an denselben Ferienorten waren: White Roe, Banner Lodge, Tamiment, Lehman oder sonstwo.
Auf einer Decke führte ein Mann mehreren Leuten Kartentricks vor. Er stockte einen Moment, um eine Bemerkung über irgendeinen Klub für ältere unverheiratete Leute zu machen. »Ich gehe heute abend in den ›Change-of-Life-Club‹«, sagte er.
Dann sah ich endlich, was mir Bohnenstange zeigen wollte. Zwei Männer, die sich durch das Gewirr aus Decken und Badetüchern einen Weg bahnten. Sie trugen einen weißen Gegenstand. Es war eine Bahre. Sie deckten den Mann mit einem Laken zu.
»Ich glaube, sie bringen ihn zur Erste-Hilfe-Station«, sagte ich zu einer kleinen Blondine neben mir und dachte dabei an eine bestimmte Holzhütte an Bay 6 oder 7, die aussah, als stünde sie auf Stelzen. Eine Wendeltreppe führte hinauf in den Behandlungsraum.
Die Blonde schüttelte mechanisch den Kopf. »Nein, zuerst kommt er in die Ambulanz und dann ins Leichenschauhaus. Ich sah ihn heute morgen. Er war ein ausgezeichneter Schwimmer.«
Bohnenstange an meiner Seite nickte. »Vermutlich bekam er Krämpfe. Wir waren weit draußen, hinter der vierten Markierung. Niemand war in Sicht, außer ...« Er wandte sich mir zu, als hätte er mich erst jetzt bemerkt.
Ich stellte mich vor. Er murmelte irgend etwas, was so klang, als wäre er froh, mich kennenzulernen. Seinen Namen sagte er nicht. Er hatte große harte Augen.
»Was haben Sie gesehen?« fragte er ruhig.
»Ich sah, wie Sie versuchten, ihn in den Griff zu bekommen. Es war ziemlich mutig von Ihnen. Sie brauchen sich keinen Vorwurf zu machen.«

Ich hatte beschlossen, heute nicht mehr ins Wasser zu gehen, und als meine Freunde ein wenig später eintrafen, erzählte ich ihnen, was ich erlebt hatte, und verbrachte den Rest des Nachmittags in der Sonne.

Einmal fühlte ich mich beobachtet. Als ich aufsah, bemerkte ich Bohnenstange in der Nähe. Er unterhielt sich gerade mit einem Mädchen. Zwischendurch warf er immer wieder einen Blick in meine Richtung. Ich legte mich wieder hin, schloß meine Augen und vergaß ihn.

Aber auf dem Weg nach Hause, in der U-Bahn, begann ich, mir Fragen zu stellen. Ich dachte an mein Spiegelbild im Fenster der U-Bahn; ich hatte ausgesehen wie ein Skelett.

Als ich in der Snyder Avenue ankam, wo ich wohne, begann ich sofort diesen Brief. Zuerst wollte ich nur duschen und anschließend eine Versammlung der Freunde Israels in der 23. Straße besuchen. Aber ich werde nicht gehen. Nicht heute. Vielleicht werde ich nie mehr zu einer Versammlung gehen.

Es handelt sich um folgendes: Das blonde Mädchen am Strand hatte mir erzählt, daß der Tote ein guter Schwimmer war. Jeder erfahrene Schwimmer weiß, was er tun muß, wenn er in Gefahr gerät. Er kann sich auf dem Rücken treiben lassen, bis Hilfe auftaucht. Ich hörte, wie er »Sam« rief, bevor er unterging. Als ob Sam in der Nähe gewesen wäre. Aber Bohnenstange behauptete, er hätte den Mann noch nie gesehen.

Was mir dann einfiel, erklärt das Verhalten von Bohnenstange und auch die Blicke, die er mir hinterher zuwarf. Ich habe angestrengt nachgedacht. Was ich nachmittags sah, erscheint mir nun in einem völlig neuen Licht. Ich hatte zu Bohnenstange gesagt: »Ich beobachtete, wie Sie versuchten, ihn in den Griff zu bekommen.« Wie ich es jetzt sehe, hat Bohnenstange den Mann unter Wasser gehalten und nicht versucht, ihn zu retten. Bohnenstange drückte ihn so lange unter Wasser, bis er nicht mehr gerettet werden konnte.

Aber vielleicht sind meine Vermutungen falsch, und Bohnenstange ist ein ehrenwerter Mann. Vielleicht.

Dennoch habe ich Bedenken: Ich bin der einzige, der es sah, und er weiß das.
Wie ich schon sagte, vielleicht habe ich unrecht. Bohnenstange könnte der mißglückte Rettungsversuch so nahegegangen sein, daß dies sein Verhalten hinterher erklärt. Er sah ruhig aus, aber vielleicht versteckte er seine Gefühle — wie einer, der vorhat, jemand umzubringen.
Das zeigt wieder mal, woran man am frühen Morgen alles denkt. Es ist fast schon Tag, und ich sehe durch das Fenster die ersten Sonnenstrahlen auf den umliegenden Dächern.
Ich bin fast sicher, daß ich unrecht habe. Wahrscheinlich ein Sonnenstich oder etwas Ähnliches.
Es würde allerdings sehr leicht für Bohnenstange sein, mich zu finden. Er kennt meinen Namen, und ich stehe im Telefonbuch. Er brauchte nur jetzt hereinzukommen und mich umzulegen.
Aber selbst wenn er käme, würde sich die Wahrheit herausstellen. Allein dieser Brief dürfte reichen. Sobald ich jemand kommen höre, verstecke ich ihn, so schnell ich kann. Die Polizei würde ihn finden, hinterher. Ich bin sicher, daß Bohnenstanges Name und Adresse gestern nachmittag notiert wurden. Außerdem haben ihn viele Leute gesehen.
Das wär's also, und wie ich schon zu Beginn sagte, hätte ich gerne Ihren Rat, ob ich zu Recht solche Angst habe. Soll ich zur Polizei gehen und ihr alles erzählen?
Um Ihnen zu beweisen, wie nervös man werden kann: Ich hätte schwören können, eben einen Luftzug im Nacken verspürt zu haben, als hätte jemand die Tür leise geöffnet und . . .

Inhalt

Edgar Wallace . . .

. . . war einer der ersten, die mit einem Diktaphon arbeiteten. Abends zog er sich im Schlafrock in sein ständig überheiztes Arbeitszimmer zurück und diktierte. Dazu rauchte er unendlich viele Zigaretten in einer langen Spitze. Alle halbe Stunde erschien sein Diener mit einer Tasse stark gesüßtem Tee.

Sein Buchausstoß war so groß, daß ihn manche Leute verdächtigten, nur die Schaufigur eines riesigen literarischen Syndikats zu sein, was ihn immer wieder wurmte. Mit 173 Romanen und 1000 Kurzgeschichten ist Wallace der erfolgreichste und produktivste Kriminalschriftsteller aller Zeiten.

Er war das uneheliche Kind einer Schauspielerin, kam in Greenwich zur Welt und wuchs bei Pflegeeltern auf. Zu seinem Leidwesen mußte er die Schule besuchen, bis er zwölf war, während die anderen Jungen schon mit zehn arbeiten gehen konnten. Er war Botenjunge, Zeitungsausträger, Soldat, Kriegsberichterstatter, Reporter und verfaßte mit 27 Jahren seinen ersten Kriminalroman, der ein Reinfall wurde.

Er war ein Mann, der an drei Büchern gleichzeitig arbeiten konnte und auf großem Fuß lebte, falls das Geld dazu vorhanden war. Zeitweise besaß er sogar einen eigenen Rennstall. Dann wieder verlor er innerhalb weniger Stunden beim Rennen hunderttausend Mark.

Als ein britischer Dampfer mit dem 57jährigen toten Edgar Wallace aus den Vereinigten Staaten – wo er unter anderem auch das Drehbuch zu »King Kong« geschrieben hatte – 1932 im Hafen von Southampton einlief, senkten sich die Flaggen auf halbmast. Im Londoner Zeitungsviertel läuteten die Glocken. Der große Klassiker des Kriminalromans wurde nicht nur in England betrauert, sondern von der ganzen Welt.